Rolf Krenzer

Die Herbstzeit im Kindergarten

Texte, Lieder, Tänze, Spielanregungen

Edition Kemper
im Verlag Ernst Kaufmann

17 neue Lieder und Spiellieder zu diesem Buch
sind auf der Musikcassette „Kinder auf dem Erdenstern"
im ABAKUS-Musikverlag, Haversbach 1, 6349 Greifenstein 2
erschienen.

CIP-Kurztitelaufnahme der Deutschen Bibliothek

Krenzer, Rolf:
Die Herbstzeit im Kindergarten: Texte, Lieder, Tänze, Spielanregungen / Rolf Krenzer. [Zeichn.: Dagmar Domina]. —
1. Aufl. — Lahr: Kaufmann, 1986. (Edition Kemper)
ISB N 3-7806-0909-6

1. Auflage 1986

Hergestellt bei Präzis-Druck GmbH, Karlsruhe
Zeichnungen: Dagmar Domina
Umschlaggestaltung: JAC unter Verwendung einer Zeichnung von Anne Röhnisch-Dannehl
ISB N 3-7806-0909-6

Inhalt

* Die mit einem Sternchen gekennzeichneten Lieder sind für dieses Buch entstanden und von Siegfried Fietz vertont.

Vorwort

Die beiden Sammlungen „Die Osterzeit im Kindergarten" und „Weinachten im Kindergarten" haben so viel Anklang im Kindergarten (aber auch in der Grundschule und im Elternhaus) gefunden, daß wir gern dem Wunsch nachkommen, hiermit einen Band vorzulegen, der sich mit der Herbstzeit im Kindergarten befaßt.
Da sehr gute und ebenso gut ausgestattete Werk- und Bastelbücher zu allen möglichen Gelegenheiten im Herbst (Basteln mit Naturmaterial usw.) vorliegen, haben wir hier bewußt auf Bastelvorschläge verzichtet. Zum Basteln mit den Jüngsten kann auf „Einfaches Basteln im Kindergarten" verwiesen werden, das in der gleichen Reihe erschienen ist.

In diesem Band werden fünf Themenkreise angesprochen, die wichtige Inhalte in der Herbstzeit ansprechen, die im Mittelpunkt der Arbeit im Kindergarten stehen:

1. Neuaufnahme im Kindergarten

Hier findet man allereinfachste Spiele und Spiellieder, die bereits Dreijährigen angeboten werden können, um sie immer stärker in das gemeinsame Spielen und Arbeiten einzubeziehen. Man findet ein großes Angebot neuer und einfacher Fingerspiele, Lieder und Spiele zur Körpererfahrung und lustige Tierspiellieder, dazu winzige Geschichten.

2. Gebt acht auf Gottes Welt

In diesen Texten, Liedern und Spielen wird verantwortungsvolles Umgehen mit Gottes Schöpfung und seiner Geschöpfe in den Mittelpunkt gestellt. Die Texte regen dazu an, selbst nachzuschauen und über das zu staunen, was wir finden, wenn wir uns mit offenen Augen umsehen. Sie machen Kinder nachdenklich und regen intensiv dazu an, selbst etwas in dem Bereich zu tun, in dem man lebt. Und Kinder sind hierfür ganz besonders offen und bereit. Bewußtes Erleben und Schützen der erfahrbaren Umwelt werden angesprochen, z.B. in den Spielliedern „Ich fahr' mit Tempo 10" oder „Meine Oma hat 'nen Garten" und dem „Schmetterlingslied", das Höhepunkt des Kinderkirchentages 1985 war.

3. Erntedank

Die Geschichten und Lieder, die Tänze und Spiele zu diesem Themenkreis schließen sich direkt an das 3. Kapitel an. Wenn wir Gott für die Ernte danken, dann schließt dies auch die Verantwortung für diejenigen ein, die keine gute Ernte haben, die hungern müssen und auf unser Bereitsein zum Teilen angewiesen sind. Es ist wohl die wichtigste Forderung an uns, daß wir dieses Teilen lernen, um selbst überleben und vor uns und Gott bestehen zu können. Hier sind die Lieder vom Überfluß und vom Teilen ebenso wichtig wie der Text „Wenn Bulu etwas zu essen hätte".

4. Was man im Herbst erleben kann

Die Veränderung der Natur, die Zugvögel, Herbstwind und weitere Themen dieses Kapitels haben Kinder schon immer interessiert. Neben vielen neuen Texten und Liedern, Spielen und Tänzen findet man hier auch wieder einige Beiträge, die zum Teil über 100 Jahre alt sind und zu Unrecht vergessen wurden. Nur wenige, nicht mehr verständliche Wörter wurden aktualisiert.

5. Spielt den Frieden, nicht den Krieg

Texte, Lieder, Spiellieder, Tänze und Spiele machen deutlich, daß dieses Thema ein wichtiges Thema der Arbeit im Kindergarten ist. Kinder hören, erfahren und erleben täglich im Fernsehen und auch gelegentlich in ihrer nächsten Umwelt etwas von dem, was Streit, Haß und Krieg bedeutet. Ziel ist es, Menschen so früh wie möglich Hilfen zu vermitteln, besser miteinander umzugehen, so daß es nicht zu solchen negativen Auswirkungen kommt.
Die Texte sind von ihrem Schwierigkeitsgrad her unterschiedlich. Im Gegensatz zu den Angeboten der vier vorherigen Kapitel eignen sich die Texte nicht zum spontanen Einsatz. Der Erzieher sollte den Text und die Kinder kennen, die er mit einem solchen Text konfrontieren kann (z.B. Mitten im Frieden). Daneben finden sich aber auch Texte, die jederzeit auch den Jüngsten bereits angeboten werden können, z. B. „Weißt du, wann fängt der Frieden an?"

Wie die beiden vorausgegangenen Bände will auch diese Sammlung Erziehern Materialien anbieten, mit denen sie auf eine dem einzelnen mögliche und akzeptable Weise arbeiten können. Wer selbst von einzelnen Inhalten oder Anregungen angetan ist, dem wird es nicht schwerfallen, diese in seine eigene tägliche Praxis umzusetzen. Was ihm selbst gefällt und Freude macht, wird sich — und das zeigt die tägliche Praxis deutlich auf — ebenso stark übertragen und nach eigenen Möglichkeiten variieren lassen, so daß Erzieher und Kinder sich beim gemeinsamen freudig erlebten Tun finden.
Neben vielen neuen Liedern aus jüngster Zeit sind 17 Lieder speziell für dieses Buch neu entstanden und von Siegfried Fietz vertont. Im Inhaltsverzeichnis sind diese Lieder mit einem * gekennzeichnet.

Neuaufnahme im Kindergarten

Die Sommerferien sind vorüber. Die „Großen", mit denen wir in den letzten Monaten so viele interessante Themen ansprechen und erarbeiten konnten, beginnen jetzt mit der Schule, und wir beginnen wieder mit Kindern, die neu in den Kindergarten kommen. In vielen Fällen ist es ihr erster Schritt vom Elternhaus weg zu anderen Menschen, zu Kindern und Erwachsenen, die ihnen noch fremd sind und zu denen sie erst nach und nach Zutrauen gewinnen. Das geht nicht immer ohne Schwierigkeiten ab. Ganz allein die ersten Tage im Kindergarten zu bewältigen, erfordert von dem Kind Kraft und Mut, vom Erzieher sehr starkes Einfühlen auf dessen Situation und persönliche Zuwendung und Hilfestellung zu jeder Zeit.
Auch die Hinführung zu ersten Spielen im Kreis, zu kleinen Spielliedern und Spielen wird sich zunächst mit ganz winzigen Spielaufgaben befassen, die nach und nach von Dreijährigen bewältigt werden können. Dabei ist es wichtig, daß die Spiele und Lieder, die hier eingeführt werden, über einen längeren Zeitraum hinweg immer wieder gesungen und gespielt werden, so daß das Kind sich zunehmend sicherer fühlt und nach und nach immer mutiger wird, um sich selbst mit einzubringen. So stehen am Anfang ganz kleine Partnerspiele zwischen Erzieher und einzelnen Kindern, die erst nach und nach zu größeren Kreisspielen umfunktioniert werden, an denen sich dann alle beteiligen. Vordringliche Aufgabe der angebotenen Spiele ist es, daß das Kind wirkliche Erfolgserlebnisse hat und erfährt, daß es etwas kann und so angenommen wird, wie es ist. Winzige Erfolgserlebnisse machen ihm Mut, vielleicht am nächsten Tag noch mehr zu wagen und sich noch stärker einzubringen. Solche Erfolgserlebnisse schaffen Vertrauen zu dem, der sie vermittelt, und Zutrauen zu den eigenen Kräften.
Je jünger Kinder noch sind, um so stärker bedürfen sie einer Ordnung, nach der sich der Tageslauf im Kindergarten gliedert. Es sollten also bestimmte Dinge Tag für Tag gleich ablaufen, so daß es dem Kind leichter fällt, sich einzugewöhnen, zum Beispiel gemeinsamer kleiner Morgenkreis, gemeinsames Frühstücken an einem festgelegten Platz, gleiche Begrüßungslieder, gleiche und ähnliche Spiele usw.
Das *Begrüßungslied*, das jeden Morgen gesungen wird, stellt eine feste Einheit dar. Es sagt dem Kind, daß damit der Kindergartentag beginnt. Schon nach den ersten Tagen macht es sich dieses Lied zu eigen, es wird ihm gewohnt und vertraut. Besonders eignen sich hierfür Lieder, die zunächst nur über einen sehr einfachen Text verfügen, der aber dann nach und nach erweitert werden kann, wobei erfahrungsgemäß auch später eigene Vorschläge der Kinder mit einbezogen werden können, so daß dieses Begrüßungslied wirklich zu ihrem Lied wird, das von Tag zu Tag mit mehr Freude und stärkerer eigenen aktiven Beteiligung mitgesungen wird. Es wird noch stärker verinnerlicht, wenn zu dem Lied noch Gesten hinzukommen, die gemeinsam von allen im Kreis ausgeführt werden können.

Morgenlieder

Guten Morgen, liebe Leute

Guten Morgen, liebe Leute!
Sagt, sind denn auch heute
eure Hände schon wach?
Seht lieber mal nach!
Seht mal nach!
Seht mal nach!
Ja, die Hände sind wach!

Guten Morgen, liebe Leute!
Sagt, sind denn auch heute
eure Finger schon wach?
Seht lieber mal nach!
Seht mal nach!
Seht mal nach!
Ja, die Finger sind wach!

Guten Morgen, liebe Leute!
Sagt, seid ihr auch heute,
so ganz richtig wach?
Seht lieber mal nach!
Seht mal nach!
Seht mal nach!
Ja, wir sind richtig wach!

Wenn gefragt wird, ob die Beine wach sind, können wir mit den Beinen strampeln, sie hoch heben, stampfen usw. Alle Körperteile, die genannt werden, werden gezeigt. Man kann auch zeigen, was man damit tun kann, z. B. in die Hände klatschen, die Finger ganz schnell bewegen usw. Das Lied kann ganz beliebig erweitert werden, z. B. die Ohren, die Zehen, die Zähne, die Augen, die Knie, die Ellbogen, oder... ist die Nase schon wach usw. Das Lied kann auch als Partnerspiel eingesetzt werden, wobei man sich gegenseitig alles zeigt, was wirklich heute schon wach ist.
Der Erzieher beginnt, und nach und nach stimmen alle ein.

Das Lied kann auch als Abendlied gesungen werden. Dann heißt es:

Guten Abend, liebe Leute!
Sagt, sind denn auch heute
eure Beine noch wach?... usw.
Und zum Schluß:
Guten Abend, liebe Leute,
so müd' sind wir heute
und die Beine nicht wach.
Ja, seht doch mal nach!
Seht mal nach,
Bald ist gar nichts mehr wach!

Guten Morgen

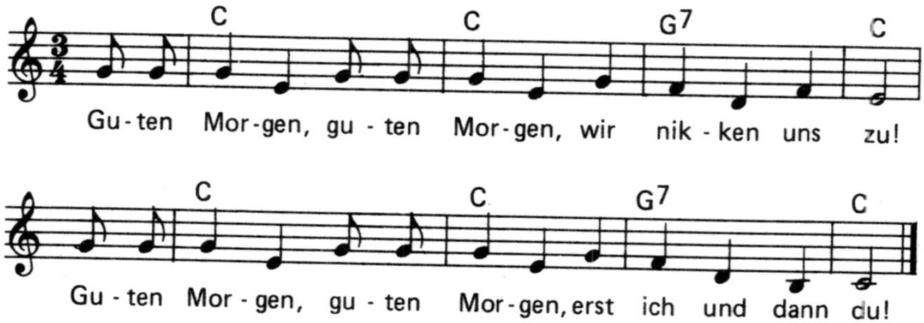

Guten Morgen, guten Morgen, wir winken uns zu!
Guten Morgen, guten Morgen, erst ich und dann du!

Guten Morgen, guten Morgen, wir lachen uns zu!
Guten Morgen, guten Morgen, erst ich und dann du!

Text: Rolf Krenzer, Melodie: Inge Lotz, aus: Krenzer/Lotz: Hast du unsern Hund gesehen, Verlag Ernst Kaufmann, Lahr und Kösel-Verlag, München

Wir sitzen oder stehen im Kreis. Der Spielleiter beginnt und kann die erste Zeile wiederholen. Bei der Wiederholung stimmen wir alle ein und versuchen mitzusingen und die einzelnen Bewegungen mitzumachen. Die Strophen können beliebig fortgesetzt werden, zum Beispiel wir klatschen uns zu, stampfen, blinzeln, aber auch „wir streicheln dazu", krabbeln, kitzeln, zupfen usw.
Es ist auch möglich, daß jeder sein „Guten Morgen" singt und den anderen zuwinkt, zunickt usw. Wir können auch während des Liedes durch den Raum gehen, jeden begrüßen und ihm die Hand geben. Wir winken, nicken und lachen uns zu und gehen zum Schluß auf unseren Ausgangspunkt zurück. Zur letzten Strophe können wir uns auch alle die Hände reichen und in der Mitte des Kreises aufeinander zugehen. Dazu singen wir:

Guten Morgen, guten Morgen,
wir gehn auf uns zu...

Wenn das Lied als Abschlußlied eingesetzt werden soll, singen wir:

Wir gehn jetzt nach Hause
und nicken uns zu.
Wir gehn jetzt nach Hause,
erst ich und dann du.

Der Erzieher, der sich in spielerischer Weise mit den Kindern beschäftigt, die noch neu und fremd im Kindergarten sind und sich zunächst nur passiv

geben, muß sich bewußt sein, daß all das, was er tut, auf Resonanz stößt, wenn diese auch noch nicht ganz deutlich gemacht wird. Zum ersten Kontaktspiel gehören auch Streicheln, auf den Arm nehmen, auf dem Schoß halten, die Hände ergreifen, drücken, streicheln, mit den einzelnen Fingern spielen, aber auch zunicken, zulachen, ansprechen, ansingen. So kann ein freudiger Kontakt entstehen, der in den nächsten Tagen durch die Wiederholung weitergeführt und vertieft werden kann.
Der Erzieher, der das Kind anspricht und winzige Fingerspiele oder Spiellieder an es richtet, wird nach und nach von ihm angenommen, ebenso das, was er mit diesem Angebot vermitteln möchte. Das zunächst noch schüchterne und zurückhaltende Kind wird bald spüren und erleben, daß da jemand ist, der sich mit ihm abgibt und ein Spiel anbietet, das zunehmend mehr Freude bereitet. Dieses winzige Spiel wird akzeptiert und läßt sich im regelmäßigen Spielkontakt nach und nach ausweiten. Es kann schließlich zu eigenen Aktivitäten führen. So überträgt sich die Spielfreude des Erziehers auf das Kind und läßt es emotional mitschwingen. Es fühlt sich geborgen in dieser von ihm freudig empfundenen Situation und wagt aus dieser Geborgenheit heraus eigene Aktivitäten.

Fingerspiele

Eine Aufzählung der vielen bekannten Fingerspiele erübrigt sich. Hier werden deshalb einige neue Fingerspiele und Reime angeboten, die sich leicht in ein Spiel umsetzen lassen:

Willst du mit mir schaukeln?

Willst du mit mir schaukeln?
Schaukeln ist so schön.
Wie wir beide schaukeln
kann ein jeder sehn.

Bittesehr

Bittesehr, bittesehr!
Schau, wir schaukeln hin und her.
Ich schaukele dich,
und du schaukelst mich.
Wir schaukeln hin
und schaukeln her.
Schaukeln ist schön
und gar nicht schwer.

Jetzt die eine Hand

Jetzt die eine Hand,
dann die andre Hand,
und jetzt alle beide.
Jetzt den einen Arm,
dann den andern Arm,
und jetzt alle beide.
Jetzt den einen Fuß,
dann den andern Fuß,
und jetzt alle beide.
Jetzt das eine Bein,
dann das andre Bein,
und jetzt alle beide. usw.

Du und ich

Du und ich,
ich und du,
beide nicken wir uns zu.
Du und ich,
ich und du,
beide nicken wir uns zu.

Text und Melodie: Rolf Krenzer

Wir blinzeln, klatschen, lachen, stampfen, schnalzen uns zu, wobei all das, was einem einfällt, in das Spiel aufgenommen werden kann.

Fingerspiele mit vier Händen (Partnerspiele)

In einer großen Wolke

In einer großen Wolke
schliefen viele Regentropfen.

Da kam die Sonne.
Sie schien ganz heiß und sprach:
„Wacht auf,
ihr kleinen Regentropfen!"

Doch die Regentropfen
schliefen weiter.

Da kam der Donner
und donnerte ganz fürchterlich
und sprach: „Wacht auf,
ihr kleinen Regentropfen!
Fallt herunter zur Erde!"

Doch die kleinen Regentropfen
schliefen weiter.

Da kam der Blitz
und blitzte ganz gefährlich und sprach:
„Wacht auf, ihr kleinen Regentropfen!
Fallt herunter zur Erde!“

Doch die kleinen Regentropfen
schliefen weiter.

Da kam der Wind
und blies ganz mächtig
und blies
und blies
und blies.

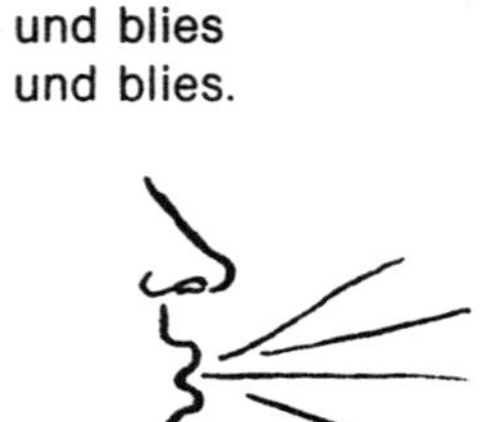

Da wachten die Regentropfen auf
und sprangen ganz schnell herunter zur Erde.

Fingerspiel im Regen

Der sagt: „Es regnet, da werd' ich naß!"
Der sagt: „Es regnet, das ist kein Spaß!"
Der sagt: „Es regnet, da geh' ich nicht raus!"
Der sagt: „Es regnet, da bleib' ich zu Haus!"
Der sagt: „Es regnet, da will ich nicht warten. Ich fahr' mit dem Bus in den Kindergarten!"

oder

Der sagt: „Der Regen macht mir nichts aus! Ich hole einfach den Regenschirm raus!"

Zwei Mäuschen und zwei Mäuschen

In einem kleinen Häuschen,
da lebten einst zwei Mäuschen,
die wollten nicht mehr alleine sein
und luden ihre Freunde ein.
Sie tanzten hin und her
und freuten sich so sehr.

In einem kleinen Häuschen,
da wohnten Hans und Kläuschen.
Die wollten nicht allein mehr sein
und luden Ruth und Erna ein.
Jetzt wohnen Ruth und Hans
und Erna und das Kläuschen
zufrieden in dem Häuschen.

Dazu kann man ein lustiges Fingerspiel erfinden.

Ich möchte gern ein Mäuschen sein

Text: Rolf Krenzer, Melodie: Siegfried Fietz, © Ulmtal-Musikverlags GmbH, 6349 Greifenstein 2

Spielanregungen

Kreisspiel:

Einer steht oder sitzt im Kreis. Wir gehen zu dem Lied langsam um ihn herum. Bei jedem „Tipe tipe tipe tap“ gehen wir wie kleine Mäuschen ein paar Schritte näher auf ihn zu. Am Ende sind wir ganz nahe bei ihm und geben ihm die Hände, streicheln ihn oder legen die Arme um ihn.

Fingerspiel:

Ich (wir schlagen beide Hände vor die Brust)
möchte gern ein Mäuschen sein, (mit beiden Händen deuten wir an unserem Kopf die Ohren an)

tipe tipe tipe tap, (wir bewegen die Finger ganz schnell vor uns, so, als ob wir wie Mäuschen flitzen)
Ich komme leis' (jetzt zeigen wir ganz deutlich, wie wir kommen)
zu dir herein, (wir zeigen auf jemanden im Kreis, den wir ganz besonders gern mögen)
tipe tipe tipe tap, (wieder wie oben)
und baue mir in deiner Näh', (wir schaffen und bauen mit beiden Händen)
tipe tipe tipe tap, (jetzt bauen wir ganz schnell)
mein Haus, (wir halten beide Hände wie ein kleines Dach über dem Kopf, unter dem man sich geborgen fühlen kann)
daß ich (wir deuten auf uns)
dich (wir deuten auf den anderen)
immer seh'- (wir halten die Hand über die Augen und laufen zu dem anderen hin)

Bäuerliches Fingerspiel

Ein schlauer Bauer
saß auf der Lauer
auf einer Mauer,
schlief friedlich ein,
träumt still und fein
von einem riesengroßen Schwein.
Da kam seine Frau,
sah ihn genau
und sagte: „Schau!
Mir paßt der Traum nicht
von der Sau.“
Und ziemlich sauer
stößt sie den Bauer
von der Mauer.
Sind sie jetzt schlauer?
Jetzt sitzen beide vor der Mauer.
Und jeder träumt für sich allein
von einem großen, fetten Schwein.

Mit 2 Händen kann man dazu ein Fingerspiel erfinden.

Zehn kleine Männer

Zehn kleine Männer,
die wollten übers Meer.
Da kam aus weiter Ferne
ein Segelboot daher.
Sie stiegen in das Boot hinein.
Der Wind blies in die Segel rein.
Sie tobten
und flitzten
und spielten so froh.
Doch der Wind wurde stärker.
Er blies so... und... so.
Er blies immer stärker,
so daß bei dem Spielen
zehn kleine Männer
ins Wasser fielen.
Doch daß sie nicht ihr Leben lassen,
hat sie der Wind
schnell wieder an Land geblasen.

Fingerspiel mit 4 Händen und einem Mund, der ordentlich blasen kann.

Es lief ein Mann

Es lief ein Mann
entlang am Strand.
Er lief so schnell,
er lief so schnell,
da fiel er in den Sand.
Man sah nur seine Hand.

Da kam ein andrer Mann daher,
und der bedauerte ihn sehr,
nahm seine Hand,
zog ihn heraus
und brachte ihn
dann schnell nach Haus.

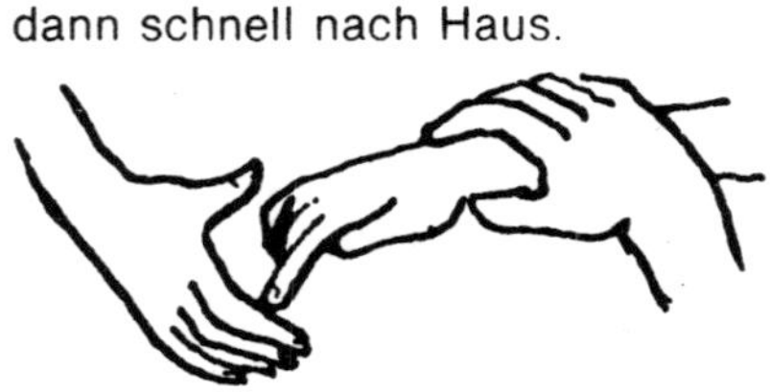

Hopp, mein Kleiner

Spieldauer: 1 bis 5 und mehr Minuten, weil immer wieder auf die Pointe gewartet wird, so daß das kleine Spiellied oft wiederholt werden kann.
Spieler: 2 und mehr.

Hopp, mein Kleiner, hopp, mein Kleiner,
reite (schaukle, wieg dich usw.) immerzu.
Hopp, mein Kleiner, hopp, mein Kleiner.
Da gibt's keine Ruh.
Hopp, mein Kleiner, hopp, mein Kleiner,
hei, wie geht das munter.
Stop, mein Kleiner, stop, mein Kleiner!
Plumps, da fällt er runter.
(oder: Fall' mir ja nicht runter).

Melodie und Text: Rolf Krenzer

Winzige Geschichten

Wir beide schaukeln

Wir beide schaukeln jetzt zusammen.
Du schaukelst, und ich schaukele auch.
Das ist so schön, daß man lachen muß.
Ich spüre deine Hände und deine Arme und deinen Kopf.
Spürst du meine Hände?
Spürst du meine Arme?
Spürst du meinen Kopf?

Wir fahren mit dem Auto

Wir fahren mit dem Auto.
Zuerst fahren wir ganz ruhig dahin.
Jetzt geht es um eine Kurve.
Nach links. Nach rechts. Nach links. Nach rechts.
Jetzt ist die Straße holprig.
Wir fahren schneller und schneller.
Wieder eine Kurve!
Nach links. Nach rechts. Nach links. Nach rechts.
Jetzt fahren wir langsam.
Stop! Alles aussteigen.

Wir haben keine Angst

Wir haben keine Angst,
denn wir sind ganz dicht zusammen.
Wenn der Wind bläst, schaukeln wir hin und her.
Wenn es regnet, bücken wir uns nach vorn.
Wenn es donnert, halten wir uns ganz fest.
Wenn die Sonne scheint, breiten wir die Arme aus.
Wir haben keine Angst,
denn wir sind ganz dicht zusammen.

Das Märchen vom Mäuschen

Es war einmal eine kleine Maus, die wollte so gern wie ein Schmetterling fliegen. Zuerst lachte sie sich selber aus, weil Schmetterlinge fliegen können, Mäuse aber nicht.
Aber dann träumte sie, ein Schmetterling zu sein. Und weil ihr das im Traum so gut gefiel, versuchte sie es dann auch, als sie aufgewacht war. Sie breitete ihre Ärmchen und Beinchen aus und, glaub mir, ihr war wirklich so, als würde sie fliegen.

Da war sie nicht mehr traurig. Jeden Tag breitete sie ihre Ärmchen und Beinchen aus und spielte ein bißchen Schmetterling. Und sie fühlte, daß plötzlich alles ganz leicht und schön um sie herum wurde. Da war die kleine Maus glücklich.

Rolf Krenzer

Solche winzigen Geschichten lassen sich leicht in kleinen Spielen gestalten, die auf dem Platz zusammen mit dem Erzieher gespielt werden können. Dabei regt der Text selbst zur gestischen, mimischen, vielleicht sogar zur pantomimischen Darstellung an.

Wir erfahren uns selbst und die anderen

Ich habe einen Kopf

Ich habe einen Kopf,
zwei Beine hab ich auch.
Und einen, einen,
einen runden Bauch.

Die Augen, die sind hier.
Der Mund, mit dem man spricht.
Die Nase, Nase
ist mitten im Gesicht.

Ich hab ja so viel Haar.
Und Füße, um zu stehn.
Und Muskeln, Muskeln,
das kann ein jeder sehn.

Zehn Finger hab ich hier.
Zehn Zehen wackeln froh.
Und hinten, hinten,
da hab ich noch den Po.

Die Beine, um zu gehn.
Die Ohren, die sind hier.
Jetzt weißt du, weißt du,
weißt du viel von mir.

Wir haben einen Kopf,
und in dem Kopf Verstand.
Und denken, denken
uns so allerhand.

Ja, alles, was ich hab,
das hast du ebenso.
Drum tanzen, tanzen,
tanzen wir so froh.

Text: Rolf Krenzer, Melodie: Ludger Edelkötter, aus MC „Hast du etwas Zeit für mich?"

Methodische Anregungen

Ein Spiellied, das der ersten Selbsterfahrung, der Bewußtmachung des eigenen Körpers und des eigenen Handelns entgegenkommt, weil das Entdecken des eigenen Körpers freudig erlebt wird. Die letzte Strophe führt dann über das eigene Ich zum Entdecken des anderen.
Wir können alle Körperteile an uns selbst, aber auch dann, wenn wir unserem Mitspieler gegenüberstehen, an dem anderen zeigen. Zum Schluß fassen wir uns alle an den Händen und tanzen im Kreis herum.

Weitere Vertiefung:
Wir legen uns auf eine große Tapete, lassen unseren Umriß von einem Mitspieler zeichnen und malen unser Bild anschließend bunt an.
Wir erkennen uns und andere auf Fotos wieder, entdecken Ähnlichkeiten, aber auch ganz besondere Dinge, die einen von anderen unterscheiden.
Menschenschattenspiel: Jeder darf vor einer angestrahlten Leinwand agieren und all das zeigen, was im Lied genannt wird. Wir können das Lied auch vor dem Spiegel singen.

Wozu sind unsre Ohren da?

Der Text entstand während einer Mitarbeitertagung des Deutschen Caritas-Verbandes Münster unter Leitung von Rolf Krenzer in Kevelaer.

Melodie: Rolf Krenzer

Wozu sind unsre Augen da?... Zum Sehen.
Wozu sind unsre Zähne da?... Zum Kauen.
Wozu sind unsre Beine da?... Zum Laufen.
Wozu sind unsre Hände da?... Zum Greifen (usw.)
Wozu sind unsre Nasen da?... Zum Riechen.

Wir zeigen die einzelnen Körperteile an uns selbst oder an unserem Mitspieler.
Der Text kann beliebig erweitert werden, wobei die Vorschläge der Mitspieler alle aufgenommen werden sollten.

Und wer Susanne Berger heißt

Wir kennen und nennen unsere Namen

Nach der Melodie „Und wer im Januar Geburtstag hat...“, singen wir:

Und wer Joachim Maier heißt,
steht auf, steht auf, steht auf.
Junge dreh dich, usw.

Es wird jeweils der Name des Mitspielers eingesetzt. Nach und nach können die einzelnen Spieler lernen, ihren Namen selbst zu sagen.

Weitere Variationen:

Und wer Kristina Kollmar heißt,
der winkt,... der winkt, der winkt...
Mädel winke, Mädel winke, Mädel winke uns zu.
...der klatscht, der stampft, der lacht, der pfeift, der blinzelt usw.

Die Gaby hat ein Häuschen

Die Gaby hat ein Bettchen...
Da schläft sie drin.

Die Gaby hat ein Stühlchen...
Da sitzt sie drauf.

Die Gaby hat 'nen Löffel...
Da ißt sie mit.

Die Gaby hat 'nen Becher...
Da trinkt sie draus.

usw.

Text und Melodie: Elinor Lange, bearbeitet von Rolf Krenzer

Das Kind hockt unter dem Tisch in seinem Häuschen. Kinder können auch das Häuschen bilden, indem sie sich gegenüberstehen und die Hände zu einem Dach hoch zusammenhalten.
Jeder darf einmal in dem Häuschen sein. Dazu wird dann der Name des Kindes gesungen. Die einzelnen Gegenstände der nächsten Umwelt werden dann aufgesucht, und jeder darf einmal auf dem Stuhl sitzen, aus einem Becher trinken usw.
Auch als einfachstes Partnerspiel besonders gut geeignet.

Ich bin groß, du bist groß

Volksgut

Ich bin klein...
Ich bin dick...
Ich bin dünn...
Ich bin schief...
Ich bin leis'...
Ich bin laut...
Ich bin satt...

Wir zeigen mit unserem Körper das, was die Spielaufforderung von uns verlangt. Wir recken uns, daß wir groß wie Riesen sind, bücken uns, daß wir Zwerge sind usw.

Paß auf, du kleiner Mann

...Meine Hände klopfen
...Meine Hände patschen
...Meine Finger trommeln
...Meine Finger schnalzen
...Meine Arme kreisen
...Meine Beine strampeln
...Meine Füße trampeln
usw.

Text: Rolf Krenzer, Melodie: Inge Lotz, aus Inge Lotz / Rolf Krenzer: Mach mit uns Musik, Verlag Ernst Kaufmann, Lahr und Kösel-Verlag, München

Einer zeigt, was er mit seinen Händen kann, ein zweiter ahmt es nach und zum Schluß zeigt es die ganze Gruppe. Wer es am besten gemacht hat, darf die nächste Bewegung zeigen. Die Bewegungsangebote können spontan in das Spiellied aufgenommen werden.

Wir singen und spielen von allerlei Tieren

Hasenabenteuer

Fingerspiel

Mittendrin im Gras (wir halten beide Hände mit gespreizten Fingern, die sich leicht wie das Gras bewegen, vor unser Gesicht.)
sitzt ein kleiner Has'. (Jetzt werden unsere Hände zu langen Hasenohren, die wir links und rechts an unseren Kopf halten.)
Wackelt mit dem Schwänzchen, (wir halten beide Hände wie ein Schwänzchen gegeneinander und wackeln damit.)
tanzt ein Hasentänzchen, (jetzt werden unsere Finger zu schnellen Hasenpfötchen)
putzt den Bart (wir deuten mit beiden Händen die Barthaare auf beiden Seiten unseres Mundes an.)
und schon hoppelt er davon. (Unsere Hände verschwinden ganz schnell hinter unserem Rücken.)

Das Spiel kann auch als Kreisspiel gespielt werden. Dann darf einer das Häschen sein, das mitten im Kreis sitzt, mit dem Schwänzchen wackelt usw. Zum Schluß hoppelt das Häschen ganz schnell auf einen anderen Mitspieler zu, der dann im Kreis zu dem Lied wieder neu beginnen darf.

In einem Häuschen, da sitzt ein Mäuschen

Das Lied wird gemeinsam gesungen und wiederholt.
Bei jeder Wiederholung wird ein Begriff fortgelassen und nur pantomimisch dargestellt. Nach und nach bleibt von dem ganzen Lied nur noch die Pantomime übrig. Zum Schluß wird das Lied mit Text und entsprechenden Bewegungen gesungen.

In (eine Richtung mit dem Zeigefinger anzeigen) *einem* (Finger heben) *Häuschen* (mit den gegenübergestellten Händen wird über dem Kopf ein Dach angedeutet), *da* (in eine Richtung deuten) *sitzt* (in die Hocke gehen) *ein* (Finger heben) *Mäuschen* (mit den Fingern angedeutete Barthaare streichen), *schläft* (den Kopf auf die zusammengelegten Hände legen, Augen schließen) *im Versteck* (Hände vor das Gesicht). *Da schleicht* (schleichen andeuten) *die Katz herzu* (mit den Fingern am Kopf die Ohren der Katze andeuten). *Die Maus* (mit den Fingern angedeutete Barthaare streichen) *erwacht im Nu* (Augen reiben). *Husch, ist sie weg* (beide Hände auf den Rücken).

Das Spiellied kann auch als Fingerspiel gespielt werden. Die eine Hand stellt die Katze, die andere das Mäuschen dar.

Im Kreisspiel sitzt das Mäuschen mitten im Kreis und schläft. Wenn die Katze heranschleicht, huscht es schnell weg. Dann muß die Katze versuchen, das Mäuschen zu fangen. Wenn sie es fängt, darf sie beim nächsten Spiel das Mäuschen sein.

Kleiner Laubfrosch, du

Kleines Mäuschen, du,
ich schau dir gerne zu.
Und flitzt du los,
dann staun' ich bloß
und mach es so wie du.
Nanu, nanu,
ich kann's ja fast wie du!

Kleines Pony, du,
ich schau dir gerne zu.
Du trappelst los,
da staun ich bloß
und mach es so wie du.
Nanu, nanu,
ich kann's ja fast wie du!

Kleiner Käfer, du,
ich schau dir gerne zu.
Du krabbelst los,
dann staun' ich bloß
und mach es so wie du.
Nanu, nanu,
ich kann's ja fast wie du!

Kleines Kätzchen, du,
ich schau dir gerne zu.
Und schleichst du los,
dann staun' ich bloß
und mach es so wie du.
Nanu, nanu,
ich kann's ja fast wie du.

Kleines Gänschen, du,
ich schau dir gerne zu.
Du watschelst los...

Kleiner Vogel, du,
ich schau dir gerne zu.
Und fliegst du los...

Kleine Raupe, du,
ich schau dir gerne zu.
Und kriechst du los...

Kleiner Goldfisch, du,
ich schau dir gerne zu.
Und schwimmst du los...

Und so weiter...

Heuhüpfer Heinrich

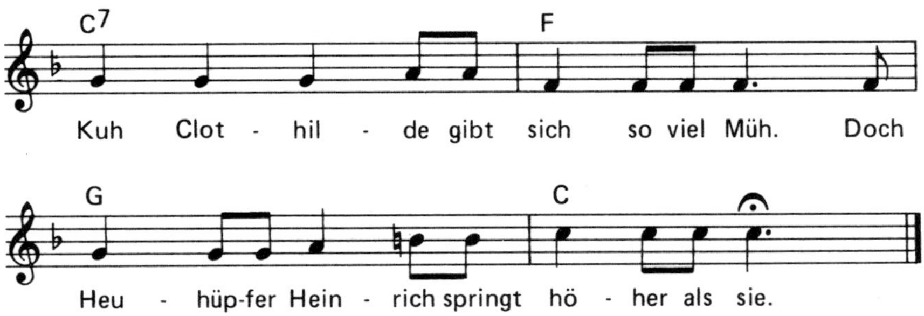

Refrain:

Der Heuhüpfer Heinrich
springt hoch durch die Welt.
Springt höher und höher,
weil ihm das gefällt.
Ja, Heuhüpfer Heinrich,
wir schauen dir zu
und springen höher,
noch höher, noch höher,
noch höher als du!

Strophen:

Der Hengst Sebastian
bemüht sich so sehr.
Doch Heuhüpfer Heinrich
springt höher als er.
Refrain...

Die Gans Agathe
gibt sich noch mehr Müh.
Doch Heuhüpfer Heinrich
springt höher als sie.
Refrain...

Der Frosch Matthias
bemüht sich noch mehr.
Doch Heuhüpfer Heinrich
springt höher als er.
Refrain...

Die Ente Toni
gibt sich so viel Müh...

Der Dackel Friedrich
bemüht sich noch mehr...

Jeder versucht es,
was keinem gelingt,
weil Heuhüpfer Heinrich
am höchsten doch springt.

Heuhüpfer Heinrich
vertraut seinem Glück,
sprang hoch und kam leider
bis heut nicht zurück.

Text: Rolf Krenzer
Melodie: Siegfried Fietz

Der Heuhüpfer springt und springt und geht von einem zum andern. Jeder versucht, so hoch zu hüpfen, wie er kann. Hüpft er höher als der Heuhüpfer Heinrich, darf er jetzt der Heuhüpfer sein und zum nächsten Tier gehen. Zum Schluß springt Heuhüpfer Heinrich mit einem gewaltigen Satz aus dem Spielkreis heraus und darf dann einen anderen auswählen, der in der folgenden Spielrunde als Heuhüpfer Heinrich beginnen kann.

Gebt acht auf Gottes Welt

Der Sommer schenkt noch viele Tage, bevor der Herbst beginnt. Es ist die Zeit, in der wir mit unseren Kindern die Natur um uns erleben und die Freude, die wir beim genauen Betrachten und Beobachten erfahren, weitergeben können. Es geht auch darum, Kinder auf besondere Dinge aufmerksam zu machen, sie mit ihnen gemeinsam zu erleben und allen bewußt werden zu lassen, daß wir die Schönheit der Natur um uns dankbar aufnehmen dürfen, gleichzeitig aber auch die Verantwortung von Gott übertragen bekommen haben, sie zu schützen, Verantwortung für seine Schöpfung und seine Geschöpfe zu übernehmen. Eine Einstimmung darauf ist ganz gewiß auch mit emotionalen Erlebnissen möglich, wie sie Texte, Lieder und Spiele bieten.
Während einer Familienfreizeit hatte ich das Lied von der kleinen Raupe mit allen gesungen und gespielt. Am gleichen Tag noch erlebte ich, daß Kinder sorgsam alle Raupen auflasen, die sie auf dem Weg fanden. Sie wollten sie unbedingt in Sicherheit bringen, weil sie in ihrem eigenen Spiel vorher an sich selbst erfahren hatten, daß aus einer Raupe ein wunderschöner Schmetterling werden kann.
Und als vorher die Kinder als Schmetterlinge wild herumgesprungen waren, war es allein vom Liedtext her gelungen, sie zum vorsichtigeren und rücksichtsvolleren Umgang miteinander zu bewegen: „Seid behutsam Leute! Rührt mich ja nicht an! Gott will, daß ein jedes Tier sein Leben leben kann“, heißt es dort nämlich. Die folgenden Texte, Lieder und Spiele wollen helfen, dies immer wieder neu bewußt zu machen.

Die Schöpfungsgeschichte

> Gott hat die Welt, Sonne, Mond und Sterne, alles, was atmet und lebt, geschaffen. Gott freut sich über seine Schöpfung.
>
> Genesis 1 und 2,1—4

Gott ist der Schöpfer aller Dinge. Zuerst schuf er Himmel und Erde, die ganze Welt. Aber auf der Welt war es dunkel. Die Erde war von gewaltigen Wasserfluten überspült.
Da ließ Gott ein Licht aufstrahlen, so daß es hell wurde. Und Gott trennte das Licht von der Dunkelheit. Er nannte das Licht Tag und die Dunkelheit Nacht. So wurde es Abend und Morgen. So ist es bis zum heutigen Tag.

Über dem Wasser ließ Gott ein Gewölbe entstehen. So entstand der Himmel. Und der Himmel ist bis heute über uns.

Dann ließ Gott die Erde aus den gewaltigen Wasserfluten emporsteigen. Er trennte das Land von dem Meer.
Dann befahl er: „Die Erde soll grün werden. Es sollen alle Arten von Pflanzen auf ihr wachsen. Sie sollen Samen und Früchte tragen!"
Da brachte die Erde Pflanzen hervor, kleine und große, Gräser, Büsche, Sträucher und große Bäume. Und Gott freute sich über das, was er erschaffen hatte.
Und bis heute wachsen Pflanzen und Bäume. Sie tragen Früchte, und ihr Samen läßt immer wieder neue Pflanzen wachsen.

Dann schuf Gott die Sterne am Himmel. Er schuf die Sonne, die am Tag der Erde das Licht gibt. Und er schuf den Mond, der in der Nacht am Himmel steht. So scheint auch heute für uns am Tag die Sonne, und in der Nacht stehen Mond und Sterne am Himmel.

Dann ließ Gott die Tiere entstehen. Die Fische im Meer und die Vögel in der Luft. Und auf dem Land entstanden die Tiere, die wir alle kennen: Winzige Käfer, Insekten, Beuteltiere und Säugetiere, große und kleine. Winzige Ameisen, Blattläuse, Mücken und Fliegen, ebenso wie Löwen und Tiger, Katzen und Hunde, Giraffen und Elefanten. Gott freute sich über die Tiere und segnete sie. Er sagte zu den Tieren: „Vermehrt euch im Meer und auf der Erde!" So schuf Gott die Tiere am fünften Tag.

Dann schuf Gott den Menschen; er schuf Mann und Frau. Und Mann und Frau waren seinem Bild ähnlich. Er segnete die Menschen und sagte: „Werdet immer mehr! Ich mache euch mächtiger als die Fische, die Vögel und anderen Tiere. Ich setze euch über sie. Aber ich vertraue sie euch auch an. Ihr tragt die Verantwortung für alle Tiere, die ich geschaffen habe! Ich gebe euch alles, was ihr zu eurem Leben braucht. Ihr könnt die Früchte aller Pflanzen und Bäume essen! Ich sorge für die Vögel und alle Tiere, die auf dem Land leben. Sie ernähren sich von Gras und Blättern." Alles was Gott geschaffen hatte, war sehr gut. Gott sah alles an und freute sich sehr. So schuf Gott Mann und Frau am sechsten Tag.

Am siebten Tag war Gottes Schöpfung vollendet. Himmel und Erde hat er erschaffen, Land und Meer. Er gab Pflanzen und Tieren das Leben, und schließlich schuf er den Menschen und setzte ihn über seine Schöpfung. Am siebten Tag ruhte Gott von seiner Arbeit aus. Er segnete den siebten Tag, den Sonntag, und sagte: „Dieser Tag ist heilig! Dieser Tag gehört mir!" So ist unsere Welt entstanden. Gott hat sie geschaffen. Gott ist der Schöpfer aller Dinge.

Neu erzählt von Rolf Krenzer, aus R. Krenzer (Hrsg.): Ich wünsch' dir einen guten Tag, Lahn-Verlag, Limburg. (Rechte beim Autor)

Gottes Schöpfung begegnen wir täglich und überall, und wir sind selbst Teil dieser Schöpfung. Wir begegnen ihr in den kleinsten und geringsten Dingen

und dürfen immer wieder staunen, entdecken und ihm dankbar sein. Aber wir tragen auch Verantwortung für Gottes Schöpfung.
Berge und Meere, Flüsse und Wälder, Pflanzen, Tiere und Menschen können wir zeichnen, malen, formen, fotografieren und auf vielen Bildern wiederentdecken. Daß wir von Gott aber auch die Fürsorge für seine Schöpfung, die Verantwortung für diese Schöpfung erhalten haben, ist ebenso wichtig und wesentlich. Die Situation des heutigen Menschen in seiner Umwelt, die Begegnung des Menschen mit dem anderen, ist durch die zahllosen negativen Beispiele, Erfahrungen und Erlebnisse dem Kind bewußt. Ihm muß ebenso bewußt gemacht werden, daß Gott den Menschen zum Erhalten seiner Schöpfung eingesetzt hat und daß dies ein verantwortungsbewußtes Umgehen mit der Umwelt voraussetzt und beinhaltet, aber ebenso ein verantwortungsvolles Umgehen mit dem anderen Menschen.
Streit und Krieg, Ausbeutung und Zerstörung der Menschen, der Tiere und Pflanzen, der Erde und des Himmels sind somit völlig dem entgegengesetzt und widersprechen dem den Menschen von Gott gegebenen Auftrag. Sie sind somit gegen Gott gerichtet.
Den vielen negativen Beispielen, die von den Kindern spontan aufgezählt werden, müssen positive Ansätze, Lösungshilfen gegenübergestellt werden. So haben auch diese negativen Beispiele ihre Berechtigung, weil sie überdeutlich aufzeigen, wie der Mensch mit Gottes Schöpfung umgeht, gleichzeitig aber auch bedingen, sich mit besseren und gottgewollten Möglichkeiten auseinanderzusetzen.

Die Schöpfungsgeschichte kann mit Kindern in einem Spiel gestaltet werden, in das auch Instrumente des Orff-Instrumentariums einbezogen werden können.

Hört, wie es war! (Ein Spiel zur Schöpfungsgeschichte)

1 Sprecher
4 Spieler
Orff-Instrument: Klangstäbe
(Spieler und Instrumente können beliebig erweitert werden)

1. Szene

Spieler knien auf einer Decke sternförmig zueinander und vornüber gebeugt.

Sprecher:	Gott ist der Schöpfer aller Dinge. Zuerst schuf er Himmel und Erde, die ganze Welt.
Spieler:	Aber auf der Erde war es dunkel. *(Orff, dunkler Ton wird angeschlagen)*
Sprecher:	Die Erde war von gewaltigen Wasserfluten überspült.
Spieler:	Sch — sch — sch — sch — sch — sch (ahmen Wasser nach)

Sprecher: Da ließ Gott ein Licht aufstrahlen,
so daß es hell wurde. *(Orff: heller Ton)*

Die Spieler erheben sich, angefaßt — Arme nach oben genommen — blicken sie alle nach oben.

Sprecher: Und Gott trennte das Licht von der Dunkelheit.

Spieler teilen sich. Zwei treten auf die eine, zwei auf die andere Seite.

Sprecher: Er nannte das Licht den *Tag (Orff: heller Ton)*
und die Dunkelheit *Nacht (Orff: dunkler Ton).*
So wurde es Abend und Morgen.
So ist es bis zum heutigen Tag.

Die gesamte Szene wird sehr langsam und mit vielen Pausen dargestellt.

2. Szene

Die Spieler, die den Tag darstellen, heben die Arme hoch und schauen nach oben. Nacht-Spieler stellen sich dicht gegenüber mit gesenktem Kopf (wie schlafend) auf.

Sprecher: Über dem Wasser ließ Gott ein Gewölbe enstehen.

Spieler nehmen die Decke, auf der sie zu Beginn der ersten Szene gesessen haben, heben sie an und halten sie hoch über sich.

Sprecher: So entstand der *Himmel.*
Dann ließ Gott die *Erde* aus den gewaltigen Wasserfluten emporsteigen *(Orff-Instrument an- und abschwellend anstreichen).*

Die Spieler bewegen die Decke stark über sich und treten dicht zusammen.

Sprecher: Er trennte das *Land* vom *Meer.*

Zu seinen letzten Worten zieht der Sprecher die Decke über den Spielern weg und legt sie auf den Boden neben die Spieler, die wie ein Block jetzt zusammenstehen.

3. Szene

Sprecher: Dann sagte Gott: Die Erde soll grün werden!
Es sollen alle Arten von *Pflanzen* auf ihr wachsen.
Sie soll Samen und Früchte tragen.
Da brachte die Erde Pflanzen hervor,
kleine und große,
Gräser, Büsche, Sträucher und große Bäume.
Und Gott freute sich über das, was er erschaffen hatte.

Spieler lösen sich aus dem Block und zeigen pantomimisch, wie die Pflanzen wachsen. Nachdem auf dem Orff-Instrument zunächst die Melodie einmal vorgespielt wurde, singen alle Spieler. Das Lied kann dann, wenn es wiederholt wird, von allen, die zuschauen, mitgesungen werden.

Sprecher: Und bis heute wachsen Pflanzen und Bäume.
Sie tragen Früchte,
und ihr Samen läßt immer wieder neue Pflanzen wachsen.

Melodie wird zunächst gespielt, dann „Hört, wie es war..." noch einmal gesungen.

4. Szene

Sprecher: Dann schuf Gott die *Sterne* am Himmel.

Der Sprecher nimmt zwei Spieler aus ihrer vorigen Pflanzenposition heraus und stellt sie sich gegenüber als Sterne hin. Dabei kreuzen die Spieler ihre Arme über dem Kopf.

Sprecher: Er schuf die *Sonne*,
die am Tag der Erde das Licht gibt *(Orff: heller Ton)*

Ein Spieler stellt sich als Sonne mit weit ausgestreckten Armen in den Raum.

Sprecher: Und er schuf den Mond,
der in der Nacht am Himmel steht. *(Orff: dunkler Ton)*

Ein Spieler stellt sich zu den Sternen. Er bildet als Mond mit den Armen vor dem Gesicht einen Halbkreis.

Sprecher: So scheint auch heute für uns am Tag die Sonne *(Orff: heller Ton)*,
und in der Nacht stehen Mond und Sterne am Himmel *(Orff: dunkler Ton).*

Anschließend singen wir alle nach dem Instrumentalvorspiel „Hört wie es war."

5. Szene

Sprecher: Dann ließ Gott die *Tiere* entstehen.
Die Fische im Meer
und die Vögel in der Luft.
Und auf dem Land entstanden die Tiere, die wir alle kennen: winzige Käfer, Insekten, Beuteltiere, Säugetiere, gro-

ße und kleine. Winzige Ameisen, Blattläuse, Mücken und Fliegen ebenso wie Löwen und Tiger, Katzen und Hunde, Giraffen und Elefanten.

Alle Spieler stellen pantomimisch einige Tiere dar, z. B. vier Tiere werden dargestellt: Vogel — Käfer — Hund und Elefant bewegen sich langsam im Raum. Hier können auch Tierlieder eingesetzt werden.

Sprecher: Gott freute sich über die Tiere und segnete sie.
Er sagte zu den Tieren:
Vermehrt euch im Meer und auf der Erde!
So schuf Gott die Tiere am fünften Tag.

Wir singen gemeinsam: Hört, wie es war.

6. Szene

Sprecher: Dann schuf Gott den *Menschen*.
Er schuf Mann und Frau.
Mann und Frau waren seinem Bild ähnlich.

Der Sprecher nimmt einen Spieler als Mann an seine linke, einen Spieler als Frau an seine rechte Seite und tritt dann zum Sprechen wieder zurück.

Sprecher: Er segnete die Menschen und sagte:
Werdet immer mehr!
Ich mache euch mächtiger
als die Fische, die Vögel und andere Tiere.
Ich setze euch über sie.
Aber ich vertraue sie euch an!
Ihr tragt die Verantwortung für alles, was ich geschaffen habe.
Ich gebe euch alles,
was ihr zum Leben braucht.
Ihr könnt die Früchte der Pflanzen und Bäume essen.
Ich sorge für die Vögel und alle Tiere, die auf dem Land leben.
Sie ernähren sich von Gras und Blättern.

Zwei Spieler bleiben als Hund und Vogel in ihrer Position. Die beiden anderen Spieler „Mann“ und „Frau“ holen sich aus dem Zuschauerkreis zwei andere Menschen. Diese holen sich wieder zwei dazu. Alles bewegt sich, auch die beiden Tiere.

Sprecher: Alles, was Gott geschaffen hatte,
war sehr gut.
Gott sah alles an und freute sich sehr.
So schuf Gott Mann und Frau am sechsten Tag.

Alle singen: Hört, wie es war.

7. Szene

Sprecher: Am siebten Tag war Gottes Schöpfung vollendet.
Himmel und Erde hat er erschaffen,
Land und Meer.
Er gab Pflanzen und Tieren ihr Leben.
Und schließlich schuf er den Menschen
und setzte ihn über seine Schöpfung.

Alle Spieler, auch die aus dem Zuschauerraum, spielen, mimen, bewegen sich. Zwei Spieler nehmen die Decke hoch, einige formen Blumen und Bäume, einer spielt die Sonne, andere Mond und Sterne.

Sprecher: Am siebten Tag ruhte Gott von seiner Arbeit aus.
Er segnete den siebten Tag, den Sonntag, und sagte:
Dieser Tag ist heilig!
Dieser Tag gehört mir!

Alle Spieler knien nieder und nehmen — wie betend — die Handflächen gegeneinander.

Sprecher: So ist unsre Welt entstanden.
Gott hat sie geschaffen.
Gott ist der Schöpfer aller Dinge.

Wir singen alle: Hört wie es war! Hört wie es war!
Wir danken Gott, es ist wunderbar!

Schöpfungslieder

Du hast uns deine Welt geschenkt

2. Du hast uns deine Welt geschenkt: die Länder — die Meere.
Du hast uns deine Welt geschenkt: Herr, wir danken dir.
3. Du hast uns deine Welt geschenkt: die Sonne — die Sterne.
Du hast uns deine Welt geschenkt: Herr, wir danken dir.

4. Du hast uns deine Welt geschenkt: die Blumen — die Bäume.
   Du hast uns deine Welt geschenkt: Herr, wir danken dir.
5. Du hast uns deine Welt geschenkt: die Berge — die Täler.
   Du hast uns deine Welt geschenkt: Herr, wir danken dir.
6. Du hast uns deine Welt geschenkt: die Vögel — die Fische.
   Du hast uns deine Welt geschenkt: Herr, wir danken dir.
7. Du hast uns deine Welt geschenkt: die Tiere — die Menschen.
   Du hast uns deine Welt geschenkt: Herr, wir danken dir.
8. Du hast uns deine Welt geschenkt: Du gabst mir das Leben.
   Du hast mich in die Welt gestellt. Herr, ich danke dir.
9. Du hast uns deine Welt geschenkt: Du gabst uns das Leben.
   Du hast uns in die Welt gestellt: Herr, wir danken dir.

Text: Rolf Krenzer, Melodie: Detlev Jöcker, aus MC und Liedheft: „Heut ist ein Tag, an dem ich singen kann". Menschenkinder Musikverlag, Münster

Bewegungen zum Lied

Welt:	Mit den Händen über dem Kopf eine große Kugel formen.
Danken:	Hände offen nach vorne halten.
1. Himmel:	Arme, Hände zeigen nach oben,
Erde:	Arme, Hände zeigen nach unten,
2. Länder:	Hände zur Fläche nach vorn ausbreiten.
Meere:	Wellenbewegungen mit den Händen.
3. Sonne:	Ausgestreckte Arme, Hände oben gekreuzt.
Sterne:	Hände öffnen sich, bleiben oben.
4. Blumen:	Hände bilden einen Kelch.
Bäume:	Arme über dem Kopf verschränken.
5. Berge:	Hände über dem Kopf schließen.
Täler:	Geschlossene Hände nach unten.
6. Vögel:	Flugbewegungen mit ausgestreckten Armen.
Fische:	Schwimmbewegungen mit gefalteten Händen.
7. Tiere:	Größe der Tiere ca. 50 cm über der Erde mit den Händen andeuten.
Mensch:	Beide Arme in Brusthöhe ausgestreckt nach vorn.
8. Du gabst mir das Leben...	Mit beiden Händen auf sich zeigen.
9. Du hast uns in die Welt gestellt...	Den Kreis schließen, alle fassen sich an, gehen zur Mitte und heben die Hände zum Himmel. Langsam die Arme herunter und zurück in den großen Kreis. Der große Kreis geht langsam in die Runde.

Das folgende Spiellied greift die Idee des Spiels noch einmal auf und stellt die zentrale Aussage für unsere Zeit in den Mittelpunkt:

Gebt acht auf Gottes Welt

Refrain:

Gebt acht!
Gebt acht auf Gottes Welt!
Denkt immer dran
und rührt nichts an,
daß jedermann
so leben kann,
so wie es Gott gefällt
in Gottes Welt.

Strophen:

So viele bunte Blumen
auf unsern Wiesen stehn.
Gebt acht auf alle Blumen!
Laßt ihnen nichts geschehn!
Refrain

Im Nest die kleinen Vögel,
so hoch und kaum zu sehn.
Gebt acht...
Refrain

So viele kleine Frösche.
Ein jeder kann sie sehn.
Gebt acht...
Refrain

So viele flinke Fische
sind in dem Fluß zu sehn.
Gebt acht...
Refrain

So viele Schmetterlinge.
Ein jeder kann sie sehn.
Gebt acht...
Refrain

So viele Menschenkinder
jetzt hier zusammenstehn.
Gebt acht...
Refrain

Der Refrain braucht nicht nach jeder Strophe gesungen zu werden. In jedem Fall sollte er am Anfang und am Schluß des Liedes stehen. Dazu können noch viele weitere Strophen spontan gesungen werden. (Seht ihr die dicken Raupen, die kleinen Spinnen, die kleinen Hunde, die zarten Katzen usw.). Zu jeder Strophe dürfen alle die jeweils angesprochenen Tiere darstellen.

Geschichten von Kindern und Tieren

Die große Künstlerin

Als Peter die Tür des Schuppens öffnet, fällt ihm eine kleine Spinne vor die Füße. Fast hätte er sie mit seinem Schuh totgetreten.
Peter bückt sich und hebt die Spinne vorsichtig auf. Ganz ruhig sitzt sie nun in seiner Hand. Ob sie Angst hat? Peter betrachtet staunend die acht langen, behaarten Beine. Sie sehen so zerbrechlich aus.
Wo mag die Spinne wohl hergekommen sein? Da sieht Peter über der Tür ein Spinnennetz. Beim Öffnen der Tür ist es zerrissen. Nun hängen nur noch einige lange Fäden herunter. Alle feinen Fäden hat die Spinne gewebt. Sie hat sich ein kunstvolles Fangnetz gebaut. Peter sieht auch zwei vertrocknete Flügel einer Fliege. Bestimmt war sie in das Netz geflogen und dort hängengeblieben. Dann hatte die Spinne sie ausgesaugt.
Die Spinne vertilgt viel Ungeziefer. Sie wartet ganz still in ihrem Netz, bis eine Fliege eingefangen ist. Dann stürzt sie sich über das Tier und frißt es auf. Das Loch in ihrem Netz flickt sie schnell wieder. Sie ist ein guter Freund des Menschen. Wieviel kleines Ungeziefer würde uns plagen, wenn es keine Spinnen gäbe! Peter würde die Spinne gern seiner Schwester zeigen. Aber er weiß: Viele Mädchen schreien, wenn sie Spinnen sehen.
So setzt er die kleine Spinne ganz vorsichtig wieder auf den Boden. Sie läuft schnell davon. Da klettert sie schon an der Wand hoch. Bestimmt wird sie gleich anfangen, ein neues Netz zu weben.

Rolf Krenzer

Die Legende vom Distelfink

Als der liebe Gott die Vöglein machte, da gab er ihnen Beine zum Hüpfen und Flügel zum Fliegen und Schnäbel zum Fressen, aber auch zum Singen. Und als sie alle fertig waren und um ihn herstanden, nahm er einen großen Farbenkasten und malte ihnen die bunten Federn. Da kam die Taube an die Reihe und erhielt einen blauen Hals und rötliche Flügel, und der Kanarienvogel wurde so gelb wie eine Zitrone, und die Bachstelze wurde grau und bekam einen schwarzen Strich und einen weißen Fleck daneben, und alle Vögel wurden prächtig gefärbt, wie es sich für jeden schickt. Nur einer war übrig geblieben, weil er hinter den andern stand und sich nicht vordrängen wollte. Das war der Distelfink. Als er endlich auch herbeikam, hatte der liebe Gott alle Farben verbraucht, und es war nichts mehr übrig als die leeren Schälchen. Da weinte das arme Vögelchen, daß es nicht auch so ein buntes Federkleid haben sollte wie die andern. Der liebe Gott aber redete ihm zu und sprach: „Sei ruhig! Es ist noch in jedem Schälchen ein klein wenig Farbe zurückgeblieben, die will ich mit dem Pinsel austupfen und auf deine Federn streichen.“ Und er tat es und malte den Distelfink ein bißchen rot und ein bißchen blau und ein bißchen schwarz und ein bißchen grün, aus allen Schälchen ein wenig, so daß er der bunteste unter allen Vögeln wurde und dem lieben Gott dankte, daß er ihn so schön gemacht hatte.

Wilhelm Curtman. Geschichten für Kinder. Gießen 1867

Heinzelmännchen im Garten

Gerd liest Ute aus der Zeitung vor. Plötzlich lacht er und ruft: „Hier steht aber ein guter Witz in der Zeitung. Hör mal zu: In Amerika sind große Farmen eingerichtet worden, in denen Regenwürmer gezüchtet werden. Bauern und Gärtner müssen für 100 Stück einen Dollar bezahlen.“
Ute muß auch lachen. Sie fragt: „Sollen wir unsere Regenwürmer aus dem Garten auch verkaufen? Wir brauchen sie ja doch nicht!“
Bisher hat Vater ruhig zugehört. Nun aber fragt er: „Was denkt ihr wohl, was dann mit unserem Garten geschehen würde?“
Gerd meint: „Er würde aussehen wie immer.“
Vater fragt: „Habt ihr schon einmal etwas von den Kölner Heinzelmännchen gehört?“
Natürlich kennen sie die Heinzelmännchen. Ute weiß: „Sie haben immer nachts gearbeitet!“
„Genauso macht es auch der Regenwurm“, erzählt Vater. „Wenn wir schlafen, ist er fleißig bei der Arbeit. Er kann seine Muskeln zusammenziehen und strecken. So bohrt er sich wie ein kleiner Bohrer in die Erde hinein. An jedem Körperring sitzen kleine Borsten. Die stemmt er in die Erde und zieht sich vorwärts. Die Regenwürmer graben und zerkleinern den Boden viel besser, als die Hacke oder der beste Pflug es können. Sie kehren das Oberste nach unten.“
Gerd hat mit offenem Mund zugehört. Nun fragt er: „Und wovon leben die Regenwürmer?“
Auch das weiß Vater: „Sie fressen Erde, auch faule Pflanzenstückchen und Blätter. Wenn sie dann die verdaute Nahrung aus ihrem Darm ausstoßen, bringen sie wertvolle Bakterien in die Erde.“
Gerd sagt: „Jetzt tut es mir leid, daß ich beim Graben schon so oft einen Regenwurm mitten durchgeschnitten habe. Ich wußte ja nicht, wie fleißig er ist.“
Vater tröstet ihn: „Ein durchgeschnittener Regenwurm braucht nicht zu sterben. Er kann sich sein Hinterteil neu bilden. Nur die Sonne und der Winter sind seine Feinde. Im Winter muß er mit seinen Brüdern ganz tief in der Erde schlafen. Dorthin kommt der Frost nicht. Im Frühling kommt der Regenwurm herauf. Aber er arbeitet nur nachts. Am Tage würde das Sonnenlicht seine roten Blutkörper zersetzen.“
Gerd meint: „Jetzt verstehe ich, warum man in Amerika Regenwürmer züchtet. Ohne diese Heinzelmännchen wäre unser Garten arm und leer.“

Rolf Krenzer

Zwei haben Angst

Beim Abendessen sagt Mutter: „In unserem Keller ist eine Maus!“ Vater glaubt es nicht. Er meint: „Die Kellertür war doch immer zu!“ Da zeigt ihm Mutter einen Apfel. Ganz deutlich können alle sehen, daß hier jemand genascht hat.
Frieder sagt: „Diesmal bin ich es aber nicht gewesen! So kleine Zähne habe ich nicht!“
Und die kleine Brigitte erklärt: „Ich gehe nicht mehr in den Keller!“ Frieder lacht sie aus: „Du bist schon sechs Jahre alt und hast Angst vor einer kleinen Maus!“ Nach dem Essen holt Vater eine Mausefalle. Frieder schneidet ein Stückchen Speck ab. Das legt er vorsichtig auf die Falle. Dann gehen Vater und Frieder in den Keller.
Später sagen sie: „Wir haben die Falle unter den Tisch im Keller gestellt. Vielleicht fangen wir heute nacht schon die freche Maus!“ Brigitte liegt heute noch lange wach in ihrem Bettchen. Sie kann nicht einschlafen. Immer wieder muß sie an die kleine Maus denken. Sie hat wirklich Angst vor Mäusen. Sie möchte nie allein einer Maus begegnen. Und doch hat sie großes Mitleid mit der Maus im Keller. Ob es sehr weh tut, wenn die Falle plötzlich zuschnappt?
Schon lange ist Frieder in seinem Bett eingeschlafen. Brigitte ist immer noch wach. Sie sagt leise: „Die arme, kleine Maus!“
Am nächsten Morgen muß Frieder früh zur Schule. Vater geht auch zur Arbeit. Nur Brigitte darf noch etwas bei ihrer Mutter bleiben. Sie muß erst um 10 Uhr in der Schule sein.
Sie fragt leise: „Können wir im Keller nach der Maus sehen?“ Mutter nickt. Sie glaubt nicht, daß die Maus schon gefangen ist. Brigitte wünscht sich, daß die Falle leer ist.
Doch was ist das? Ein graues Mäuschen sitzt vor der Falle. Mit seinen kleinen, schwarzen Augen schaut es ängstlich zu den beiden großen Leuten hinauf. Warum läuft es nicht fort? Die Falle ist zugeschlagen, und sein Schwänzchen ist eingeklemmt.
„Was sollen wir nur machen?“ fragt Mutter.
Da nimmt die kleine Brigitte das Mäuschen ganz einfach in ihre Hand und hält es fest. Mutter befreit vorsichtig das Schwänzchen aus der Falle. Dann trägt Brigitte die kleine Maus in den Garten und läßt sie frei.
Als Brigitte zurückkommt, wundert sich ihre Mutter: „Du hast doch Angst vor Mäusen!“
„Jetzt nicht mehr!“ sagt Brigitte.

Rolf Krenzer

Arbeit von früh bis spät

Günter und Klaus haben ein neues Spiel entdeckt: Sie liegen auf dem Bauch und schauen sich mit einer Lupe die winzigen Ameisen an. Günter

glaubt nicht, daß die kleinen Tierchen fünf Augen haben. Aber Klaus weiß es ganz genau. „Zwei Netzaugen und drei Augen auf der Stirn."
„Schau mal dort!" ruft Günter. „Die Ameise hat aber schwer zu tragen!" Klaus sagt: „Sie zieht eine tote Fliege hinter sich her. Doch jetzt läßt sie ihre Beute liegen. Sie ist ihr wohl zu schwer." „Aber nein!" Günter ist ganz aufgeregt. „Sie spricht mit einer anderen Ameise. Bestimmt soll die ihr helfen." Jetzt lacht Klaus aber: „Ameisen können doch nicht sprechen!" Günter weiß es ganz genau: „Sie geben sich Zeichen mit den Fühlern. Durch diese Zeichen sprechen sie miteinander!"
Klaus staunt nur: „Die andere Ameise kommt wirklich mit und hilft." Günter weiß noch mehr: „Mit ihren Fühlern riecht die Ameise. Wenn einmal irgendwo eine schwere Beute entdeckt wird, zeigt eine Ameise den anderen den Weg. Sie drückt ihren Hinterleib ganz fest auf den Boden und läuft zur Beute. Die Ameisen riechen den Weg, den sie gelaufen ist. Dann schleppen sie die große Beute zum Ameisenhaufen."
Am Ameisenhaufen ist ein großes Gedränge. Die Larven und Puppen werden herumgetragen. Sie sollen an einen sicheren und warmen Platz gebracht werden. Alle Ameisen haben ganz bestimmte Aufgaben. Es gibt Sammlerinnen und Trägerinnen. Sie schaffen das Futter und das Bauholz herbei. Es gibt Arbeiterinnen und Pflegerinnen. Sie sorgen dafür, daß im Ameisenhaufen alles sauber und ordentlich ist. Es gibt sogar Wächter und Soldaten. Sie verteidigen das Ameisenvolk gegen Feinde.
Die Ameisenkönigin macht einen Hochzeitsflug. Wenn sie wieder auf der Erde landet, beißt sie sich selbst ihre Flügel ab. Nun hat sie eine besondere Aufgabe: Sie legt die Eier, aus denen die Larven schlüpfen. Später spinnen sich die Larven zu einer Puppe ein. In dieser Puppe wachsen sie zur fertigen Ameise. Klaus sagt: „Die Ameisen haben sogar Kühe!"
Nun muß Günter aber lachen. Das glaubt er nicht. Aber Klaus sagt: „Sie melken die Blattläuse!" Günter will lieber seinen Vater fragen, ob das denn wahr ist.
Er springt plötzlich auf. „Beißen können sie aber auch!" Unter seinem Hemd krabbelt eine Ameise. Er schüttelt sich und schüttelt sich.
Klaus freut sich: „Das kommt davon, wenn man so neugierig ist!" Doch dann kratzt er sich auch. Und nun muß Günter lachen.

Rolf Krenzer

Eine schmutzige Katze

Vater und Mutter warten schon lange mit dem Abendbrot.
„Klaus kommt doch sonst immer pünktlich nach Hause!"
Die Mutter ist aufgeregt. Der Vater ist böse. Er schaut wieder auf die Küchenuhr. „Schon sieben Uhr!" sagt er ärgerlich. „Der Bengel soll um sechs Uhr zu Hause sein!"
Dann streicht er der Mutter über die Schulter. „Er wird bestimmt gleich hier sein. Fangen wir doch an!"

Da klingelt es an der Tür. Die Eltern springen auf.
„Das ist Klaus!"
Die Mutter öffnet. Ganz langsam tritt Klaus ein. Wie sieht er nur aus! Seine Jacke ist eingerissen, die Hose voller Flecken. Das Gesicht ist schmutzig und verschmiert. Er hat sicher geweint.
Der Vater poltert: „Woher kommst du jetzt?"
Klaus greift unter seine Jacke. Ganz vorsichtig zieht er ein schmutziges, armseliges Kätzchen hervor. Es miaut kläglich. Klaus streichelt es zart. Dann sagt er ganz leise: „Sie haben ihm einen Blecheimer an den Schwanz gebunden. Sie haben es mit einem Hund gejagt. Sie wollten es ertränken!"
Jetzt versteht die Mutter alles. Sie nimmt dem Jungen das Kätzchen ab und meint: „Dann wollen wir das kleine Ding zuerst einmal säubern!"
Sie trägt das Kätzchen ins Badezimmer.
„Ich glaube, Wasser würde auch dir nicht schaden!" meint der Vater. „Zieh schnell eine andere Hose an, und dann komm zum Essen!"
Der Vater lächelt ein bißchen. Klaus fühlt sich gleich viel besser.
Die Mutter bringt das Kätzchen herbei. Sie füllt Milch in eine kleine Schale. Eifrig beginnt das Kätzchen, davon zu schlecken.
Beim Abendessen sagt Klaus: „Ich möchte es so gern behalten!" Die Mutter schüttelt bedenklich den Kopf. Aber Klaus läßt sich nicht beirren. „Schaut doch nur, wie lieb es ist. Es ist doch auch so nützlich! Es fängt Mäuse."
Der Vater lacht: „Es ist wirklich schade, daß es in unserem Haus keine Mäuse gibt!"
Inzwischen hat das Kätzchen seine Schale leergeleckt. Es gähnt. Zufrieden streckt es seine Beine. Dann wäscht es sich mit seiner Zunge.
Die drei schauen zu. Es ist ganz still im Zimmer.
„Miez! Miez!" ruft der Vater.
Wirklich, das Kätzchen kommt auf ihn zu. Es kuschelt sich ganz nahe an sein Hosenbein. Es streicht an ihm hin und her.
Klaus sieht seinen Vater an. Der Vater blinzelt Klaus zu und sagt: „Es gefällt ihm bei uns. Na, und heute nacht bleibt es hier. Es muß sich zuerst einmal von dem Schreck erholen."
„Und morgen?" fragt Klaus ängstlich.
„Wir werden sehen!" antwortet die Mutter. Sie beugt sich zu dem Kätzchen hinunter und streichelt ihm zart über das Fell.

Rolf Krenzer

Gisela findet einen Vogel

Gisela trägt etwas ganz vorsichtig zwischen ihren Händen. Manchmal bleibt sie stehen und schaut nach, ob es noch da ist. Gut, daß sie bald zu Hause ist.
Sie ruft schon von weitem der Mutter zu: „Mutti! Schau nur, was ich habe!"
Erst in der Küche öffnet sie ihre Hände. Ganz zart setzt sie einen kleinen

Vogel auf den Tisch. Mutter wundert sich. Sie fragt: „Wo hast du denn den kleinen Piepmatz her?"
Gisela sagt traurig: „Er ist bestimmt aus dem Nest gefallen. Er lag hilflos auf der Straße."
Die Mutter hilft gleich. Sie holt eine Schachtel und legt weiche Stoffreste hinein. Dann darf Gisela den kleinen Vogel in die Schachtel setzen.
Es scheint ihm zu gefallen. Seine kleinen Federchen legen sich glatt an.
Gisela fragt: „Womit können wir ihn füttern?"
Mutter bringt ein gekochtes Ei. Sie holt ein Streichholz. Damit steckt sie ihm ein wenig Eigelb in den Schnabel. Es scheint ihm zu schmecken. Später holt Gisela ein kleines Töpfchen mit Wasser.
Einige Wochen vergehen. Aus dem Vogelkind ist ein richtiger Spatz geworden. Er fliegt im Zimmer umher. Manchmal schimpft die Mutter, denn er macht seinen Dreck überallhin. Aber dann muß sie doch immer wieder über den drolligen Kerl lachen. Gisela paßt gut auf, daß immer das Fenster geschlossen bleibt. Sonst könnte ihr kleiner Freund ja fortfliegen.
Doch eines Tages sagt Mutter: „Du mußt ihn nun bald hinausfliegen lassen. Er will doch auch die Welt kennenlernen!"
Zuerst weint Gisela. Sie will ihren Freund nicht fortlassen. Aber abends im Bett denkt sie nach. Sie möchte auch nicht immer gefangen sein.
Am nächsten Morgen öffnet sie weit das Fenster. Der kleine Spatz fliegt bis zur Fensterbank. Dort bleibt er sitzen. Er schaut sich verwundert um. Dann fliegt er plötzlich davon. Gisela freut sich, wie gut er fliegen kann. Sie schaut ihm lange nach. Sie ist so glücklich,daß sie den Spatz freigelassen hat. Und doch möchte sie am liebsten weinen. Sie hat ihren kleinen Freund verloren.

Rolf Krenzer

Michaels Zaubergarten

„Du, ich habe zu Hause einen Zaubergarten!" sagt Michael und stellt sich ganz nah neben Kristina, die dabei ist, Verena beim Apfelsinenschälen zu helfen.
„Einen Zaubergarten?" fragt Kristina und blickt ihn erstaunt an.
Michael nickt.
„Weißt du, wir haben doch keinen richtigen Garten, weil wir im Hochhaus wohnen. Und im sechsten Stock gibt es keinen Garten. Aber meine Mutti hat für unseren Balkon einen großen, flachen Kasten gekauft. Den haben wir mit Blumenerde gefüllt."
„Aber das ist doch kein Zaubergarten!" meint Kristina. „Das ist ein richtiger Garten auf dem Balkon. Wir haben auch so einen. Wir haben dort Blumen gesetzt. Sie blühen wunderschön!"
Michael schüttelt den Kopf. „Solch einen Garten meine ich nicht! Bei uns ist das ganz anders! Wir sind im Sommer an die See gefahren, und meine Mutti hat den Kasten mit der Blumenerde vergessen. Ehrlich, wir haben kei-

nen Samen ausgesät und keine Blumen gepflanzt. Gar nichts. Wir haben den Kasten einfach vergessen."
„Na, dann pflanzt ihr eben jetzt noch ein paar Blumen dort hinein!" sagt Kristina.
„Brauchen wir doch gar nicht!" ruft Michael und lacht ganz laut. „Unser Blumenkasten ist wirklich ein Zaubergarten. Es wächst dort ganz viel. Und keiner von uns hat etwas gesät."
Jetzt ist Kristina wirklich sehr verwundert.
„Ganz einfach!" sagt Michael. „Mein Vater hat mir alles erklärt. Der Wind hat den Samen durch die Luft getragen. Sogar bis hoch hinauf in unseren sechsten Stock. Und weil es soviel geregnet hat, war die Blumenerde in dem Kasten immer schön feucht. Da ist der Samen in unserem Blumenkasten aufgegangen. Und jetzt haben wir richtige kleine Pflanzen dort!"
„Du, das ist wirklich ein Zaubergarten!" sagt Kristina und legt den Arm um Michael.
Michael nickt. „Einfach so!" sagt er.

Rolf Krenzer

Die Tierversammlung im Wald

Einmal im Herbst treffen sich die Tiere in der großen Waldlichtung kurz hinter der Haincher Höhe. Dann besprechen sie alles, was sie in diesem Jahr erlebt haben und beraten gemeinsam, wie sie sich für den Winter und für das neue Jahr besser vorbereiten können.
In diesem Jahr sind die Klagen der Tiere besonders laut. Alle klagen über die Menschen. Mit ihren Autos haben sie in diesem Jahr wieder so viele Tiere totgefahren, daß die Toten kaum noch zu zählen sind. Frösche und Igel, Hasen und Rehe, Katzen und Hunde. Aber das ist noch nicht alles, worüber die Tiere klagen. Immer mehr Bäume sterben, weil die Menschen mit ihren vielen Fabriken und Autos die Luft so verschmutzen, daß saurer Regen vom Himmel fällt, der alles krank macht und sterben läßt.
Überall hinterlassen die Menschen ihre Spuren. Und die Tiere sind den Menschen schutzlos ausgeliefert.
Als die Versammlung schon über vier Stunden gedauert hat, kommt noch ein Hase angehoppelt. Er ist ganz außer Atem.
„Warum bist du nicht pünktlich gekommen?" fragen ihn die anderen Tiere vorwurfsvoll. „Du hättest von uns allen erfahren, was die Menschen in diesem Jahr mit uns Tieren getan haben. Jetzt mußt du doppelt vorsichtig sein, weil du nicht weißt, was dir alles passieren kann!"
Der Hase verschnauft sich einen Augenblick. Dann sagt er: „Ich habe etwas ganz besonderes erlebt und konnte es zuerst nicht glauben, was ich mit meinen eigenen Augen gesehen habe!"
Erstaunt horchen die anderen Tiere auf. Dann setzen sie sich im Kreis um den Hasen herum und hören ihm zu.
„Stellt euch vor!" sagt der Hase. „Heute morgen kam eine ganze Gruppe

von Kindern mit ihren Erzieherinnen durch den Wald. Aha, dachte ich, jetzt bringen sie wieder ihre Coladosen mit und das viele Stanniolpapier und die Plastikbecher. Und dann sieht es wieder hinterher im Wald so aus, wie es immer aussieht, wenn Menschen da waren!"
„Wie auf einer Müllkippe!" sagen die anderen Tiere und nicken traurig mit den Köpfen.
„Nein, diesmal war es anders!" sagt der Hase. „Ich wollte es zuerst wirklich nicht glauben. Sie setzten sich auf eine kleine Waldwiese, sangen und spielten miteinander und packten dann ihr Frühstück aus. Aber stellt euch vor, als sie fertig waren, holte jemand eine große Plastiktüte heraus. Da kamen alle herbei, sammelten alles auf, was sie fortgeworfen hatten, und packten es in die große Tüte hinein. Dosen und Papier, Flaschen und Becher. Ich habe lange gewartet und alles beobachtet. Ich konnte es einfach nicht glauben, daß sie den Müll wirklich wieder mitnahmen. Aber sie trugen den Sack wirklich aus dem Wald heraus!"
„Und ließen sie nichts zurück? Wirklich nichts?" fragen die anderen Tiere.
Der Hase schüttelt den Kopf. „Es waren Kinder!" sagt er.
„Vielleicht lernen die erwachsenen Menschen einmal von ihnen etwas!" meint der alte Rehbock bedächtig. „Vielleicht lernen sie noch etwas von ihren Kindern!"
„Jemand muß doch damit anfangen!" sagt der Igel.
Und der Hase fügt hinzu: „Ja, es war wirklich ein Anfang! Und diese Kinder werden auch einmal erwachsen sein. Vielleicht werden sie sich dann noch so verhalten wie heute!"
„Ja, hoffentlich!" sagt der alte Rehbock. Und die anderen Tiere nicken.

Rolf Krenzer

Es ist wie ein Wunder

Über die Wiese kriecht langsam und schwerfällig eine braune, häßliche Raupe. Sie ist über und über mit Haaren bedeckt. Auf ihren kurzen Stummelbeinen kommt sie immer nur ein kleines Stückchen weiter. Wenn sie eine Pflanze entdeckt, lehnt sie sich schwer an den Pflanzenstengel und frißt und frißt. Dann kriecht sie mühsam zur nächsten Pflanze. Ein Tag nach dem anderen geht so dahin. Sie kriecht und frißt und kriecht und frißt. Manchmal hält ihre Haut das viele Fressen nicht mehr aus. Dann platzt sie, und eine neue Haut entsteht. Sie wird immer dicker und schwerfälliger.
„Pfui!" sagen die Menschen. „Was für ein häßliches Tier!" Sie fassen sie nicht an. Manche sagen sogar, man bekommt Warzen davon. Wenn es kalt wird, findet die Raupe kein Futter mehr. Sie sucht sich einen Platz unter der Erde. Dort verpuppt sie sich und schläft den ganzen Winter über.
Aber im nächsten Juni geschieht das große Wunder: Aus der häßlichen Raupe ist ein leuchtender, zarter Schmetterling geworden. Er fliegt leicht von einer Blüte zur anderen. Die Menschen schauen ihm nach und rufen: „Seht nur den wunderschönen Schmetterling!"

Rolf Krenzer

Lieder von Gottes Schöpfung und seinen Geschöpfen

Seid behutsam, Leute (Schmetterlingslied)

2. Einmal wird die Raupe
satt und müde sein,
spinnt sich ein im Häuschen
und schläft darin ein.

3. Aus der fetten Raupe
klein und so gering
wird, wenn sie erwacht, ein
bunter Schmetterling.

4. Fliege, kleiner Falter,
du bist wunderschön!
Alle stehn und staunen,
wenn sie dich jetzt sehn.

5. Ich breit beide Arme
weit, so weit jetzt aus.
Seht nur her, ich fliege
in die Welt hinaus.

Text: Rolf Krenzer, Melodie: Peter Janssens, aus MC, Liedheft und Klavierauszug: „Ich schenk' dir einen Sonnenstrahl", Peter Janssens Musik Verlag, Telgte

Wir sitzen im Spielkreis. Einer geht im Kreis herum und stellt die dicke Raupe dar. Sie ist gefräßig und knabbert manchen auf seinem Stuhl an. Wer angeknabbert wird, hängt sich hinten an der Raupe an (Hände auf die Schulter), so daß die Raupe immer länger wird. Endlich dreht sich die Raupe zu einem ganz kleinen, engen Kreis zusammen, sie spinnt sich ein. Dann gehen wir alle zusammen ganz sanft zu Boden und schnarchen leise. Und dann beginnt die Verwandlung. Wir breiten unsere Arme weit aus und fliegen als Schmetterlinge im Kreis herum. Vorsichtig, den anderen nicht anstoßen. Wenn Schmetterlinge nämlich fest angepackt werden, dann müssen sie sterben.

Schmetterlinge

Mittags sind die Schmetterlinge
munter vor dem Haus.
Und sie breiten immer, immer schneller
ihre Flügel aus.
Schmetterlinge fliegen
durch die weite Welt,
und sie ruhen sich dort aus,
wo's ihnen gut gefällt.

Alle Schmetterlinge werden
abends müde sein,
suchen sich ein stilles, stilles Plätzchen,
und sie schlafen ein.
Schmetterlinge träumen
von der weiten Welt.
Morgen fliegen sie dorthin,
wo's ihnen gut gefällt.

Text: Rolf Krenzer, Melodie: Ludger Edelkötter, aus MC „Hast du etwas Zeit für mich?"

Methodische Anregungen

1. Spielmöglichkeit:
Wir hocken zunächst auf der Erde und breiten ganz langsam unsere Arme aus. Dann fliegen wir im Kreis umher, um uns später wieder auf der Erde niederzulassen. In der zweiten Strophe wird das Fliegen schneller. Wir können auch schneller zu unserem Flug singen. Wenn es dann Abend wird, hocken wir uns nieder. Es können auch zwei oder mehr Mitspieler ein Nest bilden, in dem der Schmetterling geschaukelt wird. Wir schaukeln beim Träumen mit geschlossenen Augen zu dem Lied hin und her. Und am nächsten Morgen fliegen wir wieder los.

2. Spielmöglichkeit:
Wir sitzen im Stuhlkreis. Zwei Spieler sind zunächst Schmetterlinge. Sie räkeln sich müde zu der ersten Strophe und fliegen dann los. Nach ihrem Flug setzen sie sich auf den Schoß eines anderen Mitspielers, der in der nächsten Strophe dann auch als Schmetterling mitfliegt. Nach dem Schneeballsystem werden es von Strophe zu Strophe mehr. Zum Schluß kuscheln wir uns ganz eng zu zweit aneinander. Dazu singen wir:

Schmetterlinge träumen von der weiten Welt.
Und sie kuscheln sich dort an, wo's ihnen gut gefällt.

Weitere Spielideen ergeben sich, wenn statt der Schmetterlinge andere Tiere eingebracht werden: Morgens sind die dicken Käfer müd vor unserm Haus... oder Morgens sind die Tausendfüßler müd bei uns zu Haus. Und sie strecken ganz, ganz langsam ihre Beinchen aus usw.

Wollt ihr die Elefanten sehn

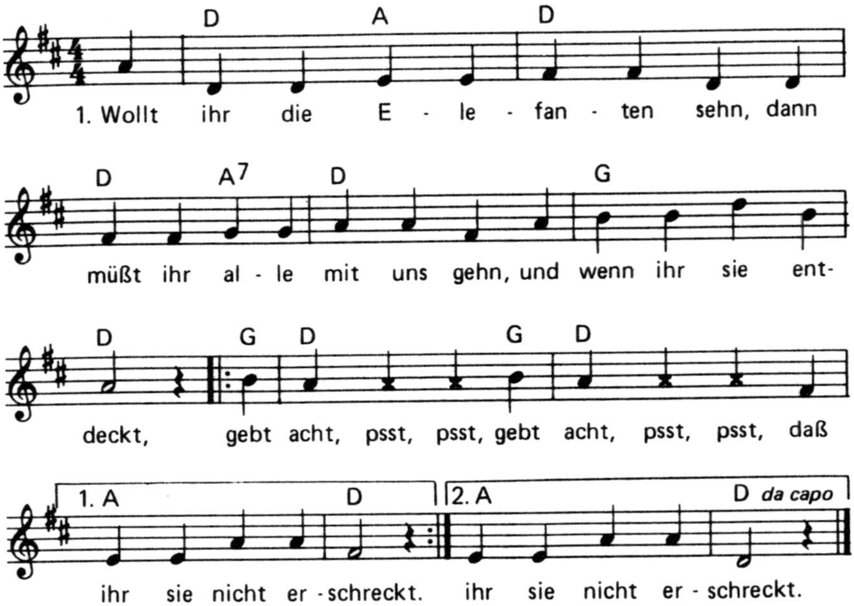

2. Und wollt ihr jetzt die Affen sehn,
dann bleibt ganz vorsichtig hier stehn.
Und wenn ihr sie entdeckt,
gebt acht, gebt acht,
daß ihr sie nicht erschreckt.

3. Wollt ihr die dicken Bären sehn,
dann bleibt ganz vorsichtig hier stehn.
Und wenn ihr sie entdeckt,
gebt acht, gebt acht,
daß ihr sie nicht erschreckt.

4. Wollt ihr Marienkäfer sehn...
Wollt ihr auch noch die Schnecken sehn...
Wollt ihr die Glühwürmchen mal sehn...
Wollt ihr jetzt mal die Hunde sehn...

...die Katzen, die Fledermäuse, die Schlangen,
die Löwen, die Giraffen...

Text: Rolf Krenzer, Melodie: D. Jöcker, aus MC ‚Solange die Erde lebt'.

Spielvorschlag

(hier können nun alle Tiere sich paarweise zeigen und im Kreis herumgehen, fliegen, kriechen, tappen, krabbeln usw.)

Zum Schluß: 5. Wir bleiben bei den Tieren stehn
und freuen uns, wenn wir sie sehn.
Wenn kein Tier vor uns flieht,
gebt acht, gebt acht,
daß keinem was geschieht!

Der Jäger längs dem Weiher ging

2. Was raschelt in dem Grase dort?
Lauf, Jäger lauf!
Was flüstert leise fort und fort?
Lauf, Jäger lauf!

3. Was ist das für ein Untier doch?
Lauf, Jäger lauf!
Hat Ohren wie ein Blocksberg hoch!
Lauf, Jäger lauf!

4. Das muß fürwahr ein Kobold sein!
Lauf, Jäger lauf!
Hat Augen wie Karfunkelstein!
Lauf, Jäger lauf!

5. Der Jäger furchtsam um sich schaut.
Lauf, Jäger lauf!
Jetzt will ichs wagen. — o mir graut!
Lauf, Jäger lauf!

6. O Jäger, laß die Büchse ruhn,
lauf, Jäger lauf!
Das Tier könnt dir ein Leides tun!
Lauf, Jäger lauf!

7. Der Jäger lief zum Wald hinaus,
lauf, Jäger lauf!
Verkroch sich flink im Jägerhaus.
Lauf, Jäger lauf!

8. Das Häschen spielt im Mondenschein,
lauf, Jäger lauf!
Ihm leuchten froh die Äugelein.
Lauf, Jäger lauf!

aus: „Nassauische Volkslieder“, 1894

Zwischen Berg und tiefem Tal

Als sie sich nun sattgefressen hatten,
setzten sie sich nieder,
bis daß der Jäger, Jäger kam,
bis daß der Jäger, Jäger kam
und schoß sie nieder.

Als sie sich nun aufgerappelt hatten,
und sie sich besannen,
daß sie noch am Leben, Leben warn,
daß sie noch am Leben, Leben warn,
hüpften sie von dannen.

Bunte Blumen blühn

2. Sträucher, grad und krumm
stehn um uns herum.
Wenn sie ausgeblüht dann haben,
schenken sie uns ihre Gaben,
bringen Jahr für Jahr
uns die Früchte dar:
Hagebutten, Schlehn und süße
Stachelbeeren, Blaubeern, Nüsse,
Sträucher, groß und klein,
läßt Gott gut gedeihn.

3. Pflanzen ohne Zahl
wachsen überall.
Etwas Erde muß es geben
und gleich kann die Pflanze leben.
Sonne, Regen, Wind
ihre Freunde sind.
Gartenpflanzen und Getreide,
Klee und Disteln auf der Weide.
Wo wir gehn und stehn
können wir sie sehn.

4. Bäume, jung und alt,
stehn in unserm Wald,
tragen stolz die grünen Blätter,
trotzen schweigend jedem Wetter.
Bäume, stark und alt,
geben Schutz und Halt.
Bäume soll es immer geben.
Sie sind Teil von unserm Leben.
Solang Bäume stehn,
wird uns nichts geschehn.

Text: Rolf Krenzer, Melodie: Detlev Jöcker, aus MC/Liedheft „Solange die Erde lebt", Menschenkinder-Musikverlag, Münster

Spielvorschlag

(im Spielkreis legen sich alle Spieler, die die verschiedenen Pflanzen und Bäume darstellen, zunächst auf die Erde. Zur ersten Strophe gehen langsam die Blumen auf und blühen. Dann folgen die Sträucher, sie können beispielsweise eine halbhohe Hecke bilden. Dann siedeln sich überall die verschiedenen weiteren Pflanzen an, auch ein Feld voller Ähren, die sich im Wind wiegen, kann entstehen. Zum Schluß stehen die Bäume auf und recken und strecken sich und halten die Arme hoch und weit auseinander).

Du alter Baum

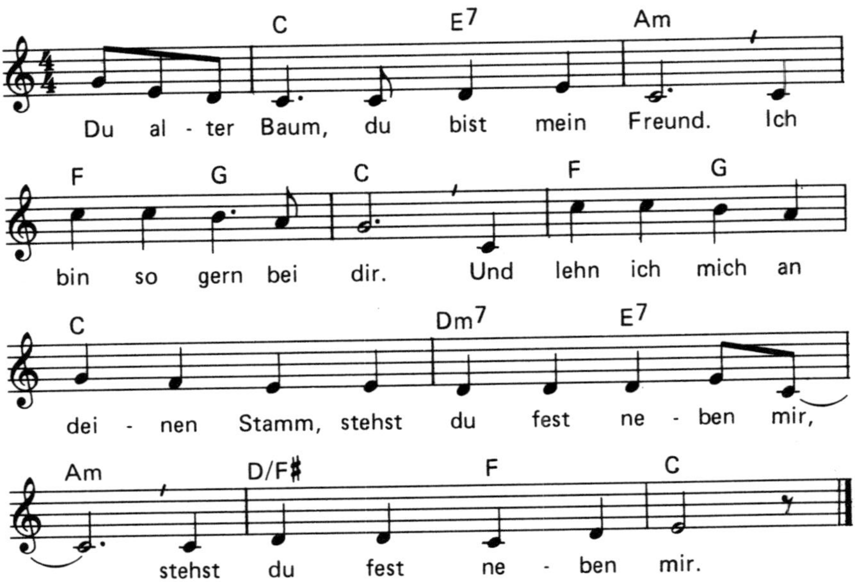

Ich steige hoch in dich hinein
und schaukel hin und her.
Sag, alter Baum, magst du das auch?
Bin ich dir nicht zu schwer?

In deinem Schatten liege ich
im Sommer gern im Gras.
Wenn's regnet, stehst du über mir.
Da werde ich nicht naß.

Ich habe Angst um dich, mein Freund!
Die Bäume sind in Not,
denn viele Wälder sind so krank
und viele Bäume tot.

Geht es dir gut, du alter Baum?
frag ich und schau dich an.
Ich will dich schützen, glaube mir,
so gut ich es nur kann.

Text: Rolf Krenzer, Melodie: Ludger Edelkötter, aus MC: „Hast du etwas Zeit für mich?“

Meine Oma hat nen Garten

Meine Oma sagt: „Der Garten,
der muß immer sauber sein!“
Darum gießt sie in den Garten
immer Unkraut-Ex hinein.
Einmal ist sie leicht gestolpert
auf dem Rasen hinterm Haus,
Unkraut-Ex ist ausgelaufen!
Wie sieht jetzt der Rasen aus!

Meine Oma hat nen Garten.
Und die Oma ist nicht dumm.
Darum gräbt sie das Stück Rasen
mit dem Spaten einfach um.
Sie kauft Dünger, harkt ihn unter,
und schon ist ihr wieder wohl.
Wo der Rasen erst vergiftet,
pflanzt sie jungen Blumenkohl.

Meine Oma hat nen Garten.
Daß der Garten auch was nützt,
wird ein jeder Baum im Garten
chemikalisch abgespritzt.
Sieht sie Ameisen und Käfer,
sagt sie angewidert: „Bäh!“
und besorgt sich aus dem Kaufhaus
dann sogleich Insektenspray.

Meine Oma hat nen Garten,
und sie bietet mir viel an.
Doch ich sage stehts: „Nein, danke!“,
was sie nicht verstehen kann.
Da versuch ich, zu erklären,
daß so schädlich die Chemie.
Und die Oma ist ganz böse
und beleidigt wie noch nie.

Meine Oma hat nen Garten.
Und die Oma ist nicht dumm.
Und mein Opa sagt: „Die Oma
kriegen wir auch noch herum!“
Denn die Oma liebt den Opa.
Und der Opa sagte heut,
daß er sich so über Löwen-
zahn in Omas Garten freut.

Text: Rolf Krenzer, Melodie: Siegfried Fietz, © Ulmtal-Musikverlags GmbH, 6349 Greifenstein 2

Ich fahr' mit Tempo zehn

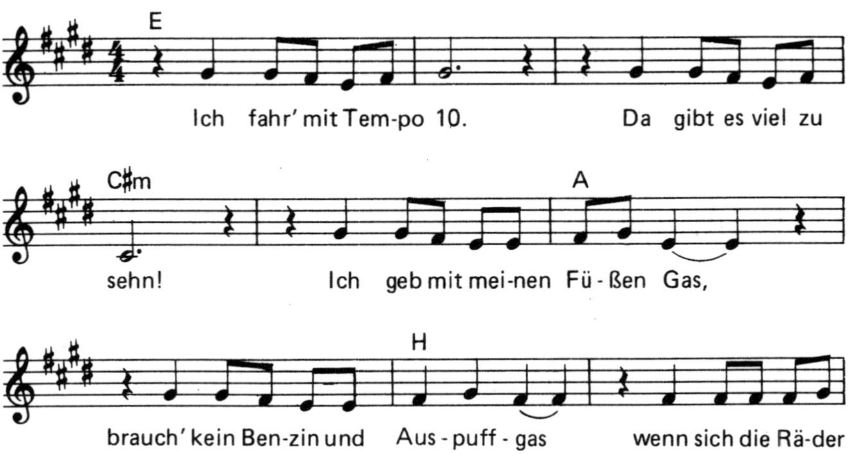

So viele Kilometer
hab' ich mit Schwung geschafft.
Es drehn sich ja die Räder
allein mit meiner Kraft.
Ich radel durch die Wälder.
Und fahr ich ganz geschwind
durch Wiesen und durch Felder,
dann spüre ich den Wind.

Refrain:
Ich fahr' mit Tempo 10.
Da gibt es...

Ich treffe viele Leute,
und alle freuen sich,
denn alle machen's heute
geradeso wie ich.
Zu jedem Abenteuer
trägt uns das Fahrrad hin.
Wir bezahlen keine Steuer
und brauchen kein Benzin!

Refrain:
Ich fahr' mit Tempo 10.
Da gibt es...

Erntedank

Im Kindergarten stellt das Erntedankfest einen ganz besonderen Höhepunkt in der herbstlichen Zeit dar, weil dann, wenn wir mit den Kindern gemeinsam entdecken, was um uns herum alles geerntet werden kann, so offensichtlich wird, was wir Jahr für Jahr immer wieder neu geschenkt bekommen. Das eigentliche Erntedankfest kann lange Zeit vorher bereits vorbereitet werden. Dann wird nämlich dem Kind bewußt gemacht, wofür wir alles danken dürfen. Und oft entdecken wir mit den Kindern gemeinsam, was jetzt alles zur Reife heranwächst, um dann geerntet zu werden.
Nicht nur wir Menschen ernten, sondern auch die Tiere.
Wir Menschen aber können mit unseren Worten Gott für all das danken, was wir ernten dürfen. Wir legen Vorräte für den Winter an. Das Getreide wird zu Mehl verarbeitet, aus dem Brot gebacken wird. Vieles wird getrocknet, um später im Müsli usw. verwendet zu werden. Obst wird eingekocht, zu Saft und zu Marmelade verarbeitet. Auch im Gefrierschrank sammeln wir Vorräte für den Winter.
Aber gerade der Dank für die gute Ernte und dafür, daß wir satt zu essen haben, beinhaltet auch, daß wir Verantwortung für die Menschen tragen, die nicht täglich satt werden. Wenn Erntedank im Mittelpunkt der Arbeit steht, dann muß ebenso stark das Teilen angesprochen werden. Das Teilen untereinander, mit anderen Menschen. Es darf nicht nur beim Darübersprechen bleiben. Viele Kindergärten haben inzwischen Patenschaften für Kinder in anderen Teilen der Welt übernommen, die nicht satt zu essen haben und auf unser Teilen mit ihnen angewiesen sind. Das Diakonische Werk, Caritas, Brot für die Welt und Misereor sind nur einige der großen Hilfsorganisationen, die gern bereit sind, eine Initiative des Kindergartens zu unterstützen, Adressen zu vermitteln und weiterzuhelfen. Wenn ein solches wirkliches Tätigwerden für einen Kindergarten zu umfangreich ist, können sich mehrere zusammenschließen. Und wenn eine solche Initiative einmal begonnen hat, läßt sie sich über viele Jahre hinweg fortsetzen. Es muß nur einmal ein Anfang gemacht werden. Wenn Kinder mit dem Hunger in der Welt konfrontiert werden, wenn ihnen deutlich gemacht wird, wie gleichaltrige Kinder in anderen Teilen der Welt hungern, verhungern, weil sie keine oder zu wenig Hilfe erfahren, können sie und mit ihnen ihre Eltern zum verantwortungsbewußten Tätigwerden angeregt werden. Es bedarf aber immer unseres Anstoßes. Ein Bericht einer Gruppe junger Eltern macht deutlich, daß einmal ein Adventskalender einen solchen Anstoß gegeben hat. Und warum sollte es nicht ebenso die Zeit des Dankens für die Ernte in diesem Jahr sein?
„Wir haben einen Adventskalender gekauft, zu dem eine große Weltkarte gehörte („Kinder sehen dich an“, Verlag Ernst Kaufmann, Lahr). Diese Karte wurde im Kindergarten an die Wand gehängt. Jeder Tag hatte ein eigenes Bild, auf dem ein Kind abgebildet war, wie es in seiner Heimat lebt. Auf der

Rückseite wurde das Leben und die Umwelt des Kindes beschrieben. Das Bild des Kindes wurde ausgeschnitten und in das entsprechende Land geklebt... Meine kleine Tochter erzählte noch tagelang vom Iglu der Eskimos oder von der großen Hitze in Afrika. Die Karte blieb dann noch eine Weile hängen. Und von selbst kam dann nach Weihnachten von älteren Kindern der Vorschlag, doch einigen dieser Kinder zu schreiben oder etwas zu schenken.“ In diesem Fall entstand mit Hilfe der Kindernothilfe eine Patenschaft des Kindergartens und seiner Eltern für einen Jungen aus Indien.

Geschichten vom Ernten und Danken

Die Texte stellen folgende Themen in den Mittelpunkt:

Tiere ernten und legen Vorräte für den Winter an
Wir Menschen ernten und sorgen für den Winter vor
Dank für die Ernte
Wir feiern das Erntedankfest
Wir leben nicht allein — Teilen mit anderen

Blitzschnell von Baum zu Baum

Hast du das Eichhörnchen gesehen? Soeben huschte es über den Weg. Und jetzt sitzt es dort drüben im Baum. Es ist ein richtiger Kletterkünstler. Wie ein roter Blitz klettert es am Baumstamm hinauf. Schon sitzt es oben auf einem Ast. Und jetzt springt es zum nächsten Baum. Sieh nur, jetzt klettert es mit dem Kopf nach unten den Stamm hinunter. Ein kurzer Lauf über den Waldboden. Da klettert es schon wieder an seinem Baumstamm hinauf.
Sein Weitsprung macht ihm keiner nach! Manchmal springt es über fünf Meter weit von einem Baum zum anderen. Dann benutzt es seinen buschigen Schwanz als Steuer.
Das Eichhörnchen hat spitze Krallen. Damit hakt es sich am Baumstamm ein. So kann es nicht abrutschen.
Hast du schon einmal sein Nest gesehen? Es ist dicht am Stamm in einer Astgabel. Dort schläft es jede Nacht.
Am Tag aber hat es wenig Zeit. Überall sucht es Futter. Die Fichtenzapfen schmecken ihm besonders gut. Es kann sogar die harten Nußschalen mit seinen scharfen Zähnen durchbeißen.
Es sorgt sogar für den Winter vor. Viele Nüsse vergräbt es in Löchern unter der Erde. Es legt richtige Vorratskammerrn an. Wenn dann im Winter kein Futter mehr zu finden ist, holt es sich die Nüsse dort heraus und knackt sie.
Das Eichhörnchen sammelt und sammelt. Es ist so fleißig, daß es immer wieder neue Vorratskammern graben muß. Und manche Vorratskammern vergißt es wieder und findet sie im Winter nicht mehr. Da ist es gut, daß es so viele gegraben und mit Vorräten gefüllt hat.

Da ist es wieder! Bleib ganz ruhig stehen. Vielleicht kommt es noch ein bißchen näher, so daß du es richtig beobachten kannst.

Rolf Krenzer

Der Hamster hat seine Speisekammer unter der Erde

Im Kornfeld wohnt der Hamster. Er ist scheu und läßt sich nur selten sehen. Er hockt am Eingang zu seinem Bau. Er beobachtet alles, was um ihn herum vorgeht. Er lauscht nach allen Seiten. Es droht keine Gefahr. Niemand wird ihn stören. Nun wagt er sich endlich heraus.
Der Hamster möchte Getreide ernten. Er beißt die hohen Halme ab. So kann er gut die Körner erreichen. Er läßt sie sich gut schmecken. Jetzt ist er satt. Aber er steckt immer noch Körner in sich hinein. Er packt sich beide Backentaschen voll. Dann läuft er schnell zu seinem Bau.
Tief im Boden liegt die Wohnhöhle. Sie liegt so tief in der Erde, daß ihr der Bauer mit seinem Pflug nichts anhaben kann. Hier unten fühlt sich der Hamster sicher. Neben der Wohnhöhle hat er sich zwei große Speisekammern gebaut. In einer Kammer leert er nun seine vollen Backentaschen aus. Viele Körner liegen schon hier. Fast fünfzig Pfund hat er gesammelt.
Doch der Hamster läuft immer wieder hinauf zum Kornfeld. Er kommt mit vollen Backentaschen zurück. Er läuft hin und her. Er kann nicht genug bekommen.
Aber wenn im Herbst der Mähdrescher über das Land fährt, hockt er ängstlich in seiner Wohnung. Er fürchtet sich vor den Menschen. Er erschrickt vor dem Lärm der Maschine.
Im Winter schläft er sich unten in seiner Höhle gründlich aus. Manchmal wird er wach. Dann läuft er zu seiner Speisekammer. Gut, daß er im Herbst so fleißig war. Er läßt sich die Körner gut schmecken. Wenn er satt ist, sucht er sich wieder seinen Schlafplatz und schläft weiter bis zum nächsten Frühjahr.

Rolf Krenzer

Apfelsaft aus eigenen Äpfeln

Ulrich und Dagmar haben viel zu tun. Sie helfen ihren Eltern beim Apfelpflücken. Ulrich steht auf der Leiter und pflückt jeden Apfel ganz vorsichtig ab. Dann legt er ihn behutsam in einen kleinen Korb. Vater will die schönen Äpfel verkaufen.
Nun reicht Ulrich das Körbchen zu Dagmar hinunter. Sie gibt ihm einen leeren Korb zurück. Dann trägt sie die Äpfel vorsichtig zu einem großen Waschkorb. Dort legt sie alle hinein.
„Dagmar", ruft Ulrich, „mein Korb ist schon wieder voll!" Da muß Dagmar laufen.
Ganz oben im Baum hängen noch dicke, rote Äpfel. Aber Ulrich kann nicht hinaufklettern. Die Äste sind dort zu schwach.
Vater kommt mit dem Apfelpflücker. Er hebt die lange Stange mit dem Säck-

chen ganz hoch in den Baum. Vorsichtig pflückt er die Äpfel ab. Sie fallen leicht in das Säckchen hinein.
Auch die Mutter ist herbeigekommen. Sie sagt: „Nun, ihr fleißigen Leute! Zwölf Bäume müssen wir noch leerpflücken. Aber zuerst wollen wir es uns schmecken lassen!"
Dagmar läuft in das Haus und holt die Teller und die Bestecke. Die Mutter bringt eine große Schüssel voll Kartoffelsalat. Dazu gibt es heiße Würstchen.
Am Nachmittag werden viele Äpfel mit einem großen Lastwagen zur Kelterei gefahren. Dort wird aus den heruntergefallenen Äpfeln süßer Apfelsaft hergestellt. Ulrich trinkt Apfelsaft besonders gern.

Rolf Krenzer

Auf dem Kartoffelacker

Sonst fährt Bernds Vater jeden Morgen schon um sechs Uhr mit dem Auto in die Stadt. Er arbeitet in einer großen Maschinenfabrik. Aber heute fährt er nicht. Er hat sich einige Tage Urlaub genommen. Die Kartoffeln müssen aus der Erde.
Bernd hat diese Arbeit besonders gern. Sie fahren schon früh am Morgen mit den Kühen auf das Feld. Vater spannt die Kühe an den Pflug. Dann reißt er mit dem Pflug die Erde auf. Bernd und seine beiden Schwestern gehen hinterher und sammeln die Kartoffeln auf. Oft müssen sie mit der Hacke noch Kartoffeln aus der Erde hacken. Alle kann der Pflug nicht freilegen. Das Kraut tragen sie zusammen, so daß es einen großen Haufen ergibt. Den ganzen Morgen über arbeiten alle gemeinsam.
„So, nun machen wir Pause!" ruft der Vater. Mutter hat Butterbrote mitgebracht. Dazu gibt es Wurst. Sogar heißen Kaffee und heiße Milch hat Mutter in Flaschen.
Nach dem Essen ruhen sich alle ein wenig aus. Bernd meint: „Mein Rücken ist ganz krumm. Morgen werde ich einen schlimmen Muskelkater haben!"
Vater lacht ihn aus: „Morgen darfst du wieder helfen. Dann hast du keine Zeit für den Muskelkater."
Nun geht es wieder an die Arbeit. Jetzt müssen alle Kartoffeln in die Säcke gefüllt werden. Vater und Mutter suchen die großen, schönen Kartoffeln aus. Bernd und seine Schwestern füllen die kleinen und angehackten Kartoffeln in besondere Säcke. Damit soll das Vieh gefüttert werden. Dann nimmt Vater einen vollen Sack nach dem anderen auf seinen Rücken. Er hebt die schweren Kartoffelsäcke auf den Wagen.
Endlich ist alles aufgeladen. Bernd darf sich oben zu Vater auf den Wagen setzen. Unterwegs erzählt er: „Wenn das Kartoffelkraut trocken ist, zünden wir wieder ein Kartoffelfeuer an!" Vater freut sich auch darauf. Er sagt: „Halte nur die Daumen, daß es nicht regnet. Diesmal wollen wir Würstchen im Feuer braten. Die schmecken besonders gut!"

Rolf Krenzer

Das Rübenziehen

Väterchen hat Rüben gesät. Er will eine dicke Rübe herausziehen; er packt sie beim Schopf, er zieht und zieht und kann sie nicht herausziehen. Väterchen ruft Mütterchen. Mütterchen zieht Väterchen, Väterchen zieht die Rübe, sie ziehen und ziehen und können sie nicht herausziehen.
Kommt das Enkelchen. Enkelchen zieht Mütterchen, Mütterchen zieht Väterchen, Väterchen zieht die Rübe, sie ziehen und ziehen und können sie nicht herausziehen.
Kommt das Hündchen. Hündchen zieht Enkelchen, Enkelchen zieht Mütterchen, Mütterchen zieht Väterchen, Väterchen zieht die Rübe, sie ziehen und ziehen und können sie nicht herausziehen.
Kommt das Hühnchen. Hühnchen zieht Hündchen, Hündchen zieht Enkelchen, Enkelchen zieht Mütterchen, Mütterchen zieht Väterchen, Väterchen zieht die Rübe, sie ziehen und ziehen und können sie nicht herausziehen.
Kommt das Hähnchen. Hähnchen zieht Hühnchen, Hühnchen zieht Hündchen, Hündchen zieht Enkelchen, Enkelchen zieht Mütterchen, Mütterchen zieht Väterchen, Väterchen zieht die Rübe: Sie ziehen und ziehen — schwups, ist die Rübe heraus und das Märchen ist aus!

Russisches Märchen

Heuernte (Mit Heugreifer und Förderband)

Wolfgang springt aus dem Bett. Was ist denn heute los? Vater rattert mit dem Traktor über den Hof.
Wolfgang reißt das Fenster auf. Er ruft: „Wo willst du denn hin? Es ist doch erst fünf Uhr!"
Vater lacht: „Die Langschläfer müssen noch im Bett bleiben. Mutter und ich fahren mit der Mähmaschine auf die Wiese. Morgens schneidet sich das Gras am besten!" Mutter hängt die Mähmaschine an den Traktor. Sie ruft: „Nach der Schule darfst du uns das Essen bringen!" Dann fahren beide los.
Heute kann es Wolfgang kaum erwarten, bis die Schule aus ist. Zu Hause gibt ihm Tante Lilli die Tasche mit dem Essen. Wolfgang läuft zur Wiese. Bestimmt werden Vater und Mutter hungrig sein.
Auf der Wiese bleibt er stehen und staunt. Alles Gras ist abgemäht. Eben hat Vater den Heuwender angehängt. Mutter hilft mit dem Rechen. Auch Müllers und Webers arbeiten auf ihren Wiesen. Müllers haben gestern gemäht. Sie wenden heute nur um. Dann wird das Heu schön trocken. Peter kommt mit seinem Hund angelaufen. Er ruft: „Willst du mit uns nach Hause fahren? Unser Heu wird schon aufgeladen!"
Wolfgang läuft schnell zu dem großen Heuwagen. Webers haben das Heu in langen Reihen zusammengerecht. Herr Weber lädt es mit einer Heugabel auf den Wagen. Peters großer Bruder packt es oben ordentlich zusammen. Das ist eine schwere Arbeit. Der Wagen muß gleichmäßig beladen werden. Endlich ist alles Heu untergebracht. Nun dürfen Wolfgang und Peter auf den Wagen klettern. Sie suchen sich im Heu ein gemütliches Plätzchen.

Herr Weber setzt den Traktor davor. Nun geht die lustige Fahrt los. In der Scheune wird das Heu mit dem Heugreifer auf das Förderband geladen. So kommt es schnell und sicher auf den Heuboden. Im Winter braucht das Vieh gutes Futter.

Rolf Krenzer

Sabine hilft Äpfel pflücken

„Mir ist langweilig!" sagt Sabine. „Was soll ich nur tun?"
„Du kannst dem Vater im Garten helfen", meint die Mutter. „Er pflückt Äpfel."
Sabine hatte gar nicht bemerkt, daß ihr Vater in den Garten gegangen war.
„Ja, das mache ich!" schreit sie und rennt aus der Tür.
Am großen Apfelbaum in der Ecke des Gartens lehnt die hohe Leiter. Der Vater steht ganz oben auf der letzten Sprosse. Er hat einen Korb an einen dicken Ast gehängt und legt vorsichtig die reifen Äpfel dort hinein. „Gleich ist er voll!" sagt er. „Rufst du mal Mutti, daß sie ihn abnimmt!" Die Mutter ist schon da. Sie nimmt vorsichtig mit beiden Händen den Korb an, den ihr Vater herunterreicht. Dann gibt sie ihm einen leeren Korb. Ganz behutsam muß sich der Vater auf der Leiter bewegen, damit er nicht herunterfällt. Jetzt hängt er den leeren Korb wieder an den dicken Ast und pflückt weiter.
„Wollen wir den vollen Korb zusammen ins Haus tragen?" fragt Mutter.
„Der ist ganz schön schwer!" meint Sabine und hilft beim Tragen. Sie tragen den Korb durch die Tür und dann die Treppe hinunter in den Keller. Achim, Sabines großer Bruder, legt die reifen Äpfel auf ein Regal.
Dann darf Sabine den leeren Korb wieder in den Garten zu Vater bringen. Das kann sie natürlich ganz allein.
Aber beim Tragen des vollen Korbes müssen Achim oder Mutter immer helfen. Der ist so schwer. Das schafft keiner allein.
Abends ist der Baum leer und Sabine sehr müde.
„Dieses Jahr haben wir viele Äpfel von dem Baum in der Ecke!" sagt der Vater. Dann nickt er Sabine zu: „Wenn du nicht geholfen hättest, wären wir immer noch nicht fertig!"
„Und was machen wir morgen?" fragt Sabine.

Elinor Lange und Rolf Krenzer, aus R. Krenzer: Ich wünsche dir ein gutes Jahr, Lahn-Verlag, Limburg, Textrechte bei den Autoren

Da staunst du!

Sonja bringt zusammen mit ihrer Mutter einen schweren Korb mit in den Kindergarten.
„Was schleppt ihr denn an?" fragt Frau Bahl.
Da packt Sonja den Korb aus.
Zwei Äpfel, vier Birnen, zwei Kartoffeln, fünf Tomaten, einen dicken Kohlkopf, Mirabellen und Pflaumen und eine riesige Möhre. Aber der Korb ist noch immer nicht leer. Sonja holt noch zwei dicke Zwiebeln und einen Blumenkohl heraus.

„Das soll alles für den Erntedanktisch sein?“ fragt Frau Bahl. Sonja nickt. „Und alles aus unserem Garten!“ sagt sie. „Gelt, da staunst du?“

Rolf Krenzer

Wie die Mäuse ins Stroh gekommen sind

Einmal hat die Katze der Maus den Schwanz abgebissen. Da hat die Maus gejammert: „Bitte, bitte, liebe Katze, gib mir doch meinen Schwanz zurück!“ Darauf sagte die Katze: „Gehe zur Frau und hole mir ein Stück Käse, dann kriegst du deinen Schwanz zurück!“
Da ist die Maus zur Frau gegangen, doch die Frau hat sie zuerst zum Schmied geschickt, daß er ihr Messer wetzen soll. Der Schmied hat die Maus zum Brunnen geschickt, damit sie Wasser für ihn hole.
Der Brunnen hat die Maus in den Wald geschickt, denn er wollte einen neuen Brunnenschwengel haben.
Der Wald hat die Maus zum Kaufmann geschickt, um einen Strick zu kaufen, damit man das Holz zusammenbinden kann.
Der Kaufmann hat die Maus zum Schuster geschickt, um seine Schuhe zu holen, damit er ins Geschäft gehen kann.
Der Schuster hat die Maus zum Eber geschickt, um Borsten zu holen, damit er die Schuhe wichsen kann.
Der Eber hat die Maus zum Strohhaufen geschickt, um Stroh zu holen, damit er die Borsten trocken reiben kann.
Da ist die Maus zum Strohhaufen gegangen und hat gezogen und gezogen. Sie hat so lange gezogen, bis der Strohhaufen umgefallen ist. Und seit dieser Zeit sind die Mäuse im Stroh.

Ein Märchen aus Rumänien, neu erzählt von Rolf Krenzer

Das Korn wird geerntet (Mähen und Dreschen an einem Tag)

Wolfgang läuft aufgeregt zu seinem Vater. Er ruft: „Hast du Herrn Hinrichs Bescheid gesagt? Kommt er morgen mit dem Mähdrescher zu uns?“ Sein Vater meint: „Wir müssen morgen früh aufstehen. Herr Hinrichs wird heute mit seinen Feldern fertig. Morgen um sieben Uhr will er mit dem Mähdrescher an unserem Kornfeld am Wald sein.“
Wolfgang geht schon früh zu Bett. Er will doch morgen mit dabeisein. Am nächsten Morgen fährt Wolfgang schon zeitig mit seinen Eltern los. Er sitzt stolz neben seinem Vater auf dem Traktor, der den noch leeren Wagen zieht. Am Feldrand wartet schon Herr Hinrichs mit dem Mähdrescher. Herr Hinrichs hat sich im vorigen Jahr die teure Maschine gekauft. Nun melden sich alle Bauern bei ihm an. Dann kommt er für einen Tag zu ihren Feldern und mäht und drischt das Getreide. Für seine Arbeit wird er von den Bauern bezahlt.
Herr Hinrichs fragt: „Habt ihr auch an die Kornsäcke gedacht?“ Wolfgang

holt sie schon vom Wagen. Nun befestigt Herr Hinrichs die leeren Säcke am Mähdrescher.
Dann fährt er mit der Maschine auf den Acker. Sogar Vater staunt, wie schnell das Getreide gemäht ist. Bald sind die Säcke voll und müssen losgebunden werden. Herr Hinrichs hängt neue leere Säcke an. Aus einem anderen Teil des Mähdreschers kommen das Stroh und die Spreu ordentlich zusammengebunden heraus. Vater und Wolfgang brauchen es später nur abzuholen. Schon nach einer Stunde ist das große Feld gemäht. Alle Körner liegen in den Säcken.

Rolf Krenzer

Die letzte Birne

Sven und Antje spielen im Garten. Sie haben ihren großen Ball dabei und werfen ihn hin und her. Erst wirft Sven, und Antje fängt ihn auf. Dann wirft Antje, und Sven fängt ihn auf. Da! Sven hat nicht aufgepaßt. Der Ball kullert den Weg hinunter und bleibt unter dem Birnbaum liegen.
„Schau", ruft Antje, „eine Birne hängt noch dran. Die möcht' ich haben!"
„Und dazu noch eine so schöne", sagt Sven.
Beide Kinder stellen sich auf die Zehenspitzen. Aber der Ast mit der Birne dran ist zu hoch.
Sven versucht den Birnbaum zu schütteln. Aber der bewegt sich nicht. Sven hat nicht genug Kraft.
Antje schleppt eine Kiste heran und steigt drauf. Aber sie ist immer noch zu klein. Traurig stehen die Kinder da.
„Was nun?" meint Antje.
„Ich weiß was. Wir brauchen einen Stock. Vielleicht geht es damit", antwortet Sven.
Sie schauen sich um. Richtig, am Zaun liegt ein trockener Ast. Sven holt ihn. Er reckt sich auf die Zehen. Hurra, jetzt erreicht er die Birne! Antje hält ihre Schürze auf. Die Birne fällt hinein. „Wir teilen uns die Birne", schlägt sie vor. Sie laufen in die Küche. Mutter schneidet sie durch. Und vergnügt ziehen Sven und Antje mit je einer Hälfte ab.

Elinor Lange, aus Volker Fritz / Rolf Krenzer: 100 einfache Texte zum Kirchenjahr, Verlag Ernst Kaufmann, Lahr und Kösel-Verlag, München

Tanja feiert Erntedankfest

„Wir haben heute Erntedankfest im Kindergarten gefeiert!" sagt Tanja, als sie nach Hause kommt. „Das war ein Erntedankfest!"
„Aber Erntedank feiern wir doch erst übernächsten Sonntag!" meint ihr Vater.
„Das ist doch egal, wann man es feiert!" meint Tanja. „Hauptsache ist, man dankt! Und Frau König hat gesagt, daß man immer danken kann. Deshalb kann man auch immer das Erntedankfest feiern!"
„Und wie habt ihr heute euer Erntedankfest gefeiert?" fragt die Mutter.
„Eigentlich ging es gestern schon los!" erklärt Tanja ihren Eltern. „Gestern

haben wir doch im Kindergarten Brötchen gebacken. Das habe ich euch doch gestern auch erzählt!"
Beide Eltern nicken.
„Und heute haben wir einen Spaziergang gemacht. Wir sind bis zum Wald gegangen. Und jeder durfte etwas auflesen, was ihm besonders gut gefallen hat. Kerstin hat einen wunderschönen Tannenzapfen gefunden. Ludger eine winzige bunte Feder. Auf dem Weg lag sogar ein dicker Maiskolben. Den hat Arne mitgenommen. Jeder hat eben etwas gehabt."
„Und du?" fragt der Vater.
„Ich!" Tanja hat plötzlich ganz träumende Augen. „Ich habe einen kleinen Stein gefunden. Der ist ganz bunt gemustert!"
„Gemasert!" verbessert der Vater. „Aber was hat das mit Erntedank zu tun?"
Tanja wundert sich, wie dumm Erwachsene manchmal sind. „Wir haben doch auch bunte Blätter gesammelt, die von den Bäumen heruntergefallen waren. Und alles hat was mit Erntedank zu tun. Frag' nur Frau König!"
Die Eltern wissen, daß das, was Frau König sagt, für Tanja heilig ist. Gegen Frau König kommen weder Vati noch Mutti an.
„Also, und wie habt ihr dann euer Erntedankfest gefeiert?" fragt die Mutter schließlich.
„Ganz einfach!" sagt Tanja. „Wir haben alles mit in den Kindergarten genommen. Dann haben wir den großen Tisch mit einer schönen Tischdecke gedeckt. Frau König hat die Brötchen darauf gestellt. Und dann hatten wir noch Kuchen und Obstsalat. Und jeder hat das dazugelegt, was er von dem Spaziergang mitgebracht hat. Das Beste war aber, daß jeder von uns den anderen erzählt hat, weshalb er ausgerechnet das mitgebracht hat. Die Herbstblätter, weil sie so schön bunt sind und weil wir davon richtige Blätterbilder machen wollen. Den Mais, weil wir vielleicht damit im Winter die Vögel füttern wollen."
„Und dein Stein?" fragt der Vater.
„Ich habe gesagt, daß ich Gott danke, daß ich ihn gefunden habe! Stellt euch vor, ich hätte ihn nicht gefunden!"
Tanja blickt ihre Eltern geheimnisvoll an.
„Dann könntet ihr euch jetzt nicht darüber freuen!"
Und sie kramt blitzschnell den kleinen Stein aus ihrer Tasche und legt ihn mitten auf den Tisch. Ja, der Stein ist so schön, daß man sich wirklich darüber freuen kann. Das müssen Vater und Mutter sofort zugeben.
Und dafür kann man auch danken.
„Wir haben im Kindergarten gesungen und für alles gedankt!" sagt Tanja. „Und dann haben alle gegessen!"
„Ja, ich glaube, Frau König hat recht!" sagt der Vater. „Aber jetzt wollen wir alle zusammen für unser Mittagessen danken. Ich bin richtig hungrig, denn bei mir im Büro gab es heute morgen leider kein Erntedankfest so wie bei Tanja im Kindergarten!"

Rolf Krenzer

Eine Erntegeschichte, die fast 100 Jahre alt ist!

Der Apfelbaum

Dicht vor dem Hause steht ein Apfelbaum. Von seinem niedrigen Stamm breiten sich Äste und Zweige weithin aus. Im Frühling sind sie von den großen, rötlichweißen Blumen bedeckt, zwischen denen auch die grünen Blätter schon hervorsprießen. In dem lieblichen Duft der Blüten summen fleißige Bienen, Vögel singen voller Lust auf den Zweigen.
Bald fallen die zarten Blumenblätter zu Boden, aber an ihrer Stelle schwellen kleine, grüne Knöpfchen heran, die jungen Äpfel. Die Blätter des Baumes erreichen jetzt ihre volle Größe und werden von den Strahlen der Sommersonne bald dunkel gefärbt. In ihrem Schatten sitzt die Mutter auf der Gartenbank, um diese her am warmen Boden spielen die munteren Kinder.
Wenn nun der Herbst kommt, dann gibt es ein großes Fest. Die Kinder bringen Körbe herbei, der Vater stellt die große Leiter an den Baum, steigt hinauf und bricht die jetzt reifen Äpfel, welche alle schöne, rote Backen haben. In dem Keller werden sie aufbewahrt; sie werden im Winter gegessen, und manche von ihnen prangen zu Weihnachten am Christbaum.

Friedrich Noll. Nassauisches Lesebuch, Wiesbaden 1900, 2. Teil

Erntedank

Im Herbst gibt es viel Arbeit.
Der Vater hat die Leiter an den Apfelbaum gestellt. Markus klettert hinauf und pflückt einen Apfel nach dem anderen.
Auch die Birnen sollen noch gepflückt werden.
Petra war mit Jens im Wald. Sie haben Brombeeren gesammelt. Petra hat eine Kanne voller Beeren. Jens hat nicht ganz so viele. Er hat ganz blaue Lippen, und Petra meint empört: „Er hat fast alle selbst gegessen!"
„Wir müssen uns beeilen!" ruft Jens. „Unsere Mutter will für morgen einen Brombeerkuchen backen. Du bist zum Kaffeetrinken eingeladen!"
Markus sucht besonders schöne Äpfel aus und legt sie in einen Korb. Er will den Korb zur Kirche bringen.
Morgen ist Erntedankfest. Da wollen die Leute Gott für die gute Ernte danken.
Alles wird auf dem Altar aufgebaut: Äpfel und Birnen, Korn und Brot, Kürbisse, Gurken und Tomaten; alles, was geerntet wurde.
„Nimm noch ein paar Blumen mit!" ruft die Mutter. „Sie sollen neben dem Altar stehen."

Rolf Krenzer

Alles für den Erntedanktisch

Vor dem Erntedankfest wollen alle im Kindergarten einen Tisch mit den vielen Gaben aufbauen, die Gott in diesem Jahr wachsen ließ, damit wir alle

satt werden. Am Samstagmorgen treffen sich die Kinder mit ihren Erzieherinnen im größten Raum.
Die Erzieherinnen haben einen Tisch vor die Wand mit den bunten Erntebildern gestellt und ihn mit einer Decke geschmückt. Auf dem Tisch steht auch ein Kreuz.
Als alle versammelt sind, holt Kerstin ihre Gitarre und beginnt ein Danklied zu singen. Das können alle Kinder, denn sie haben es in der letzten Woche gelernt. Es ist ein langes Lied mit vielen Strophen. Bei jeder Strophe gehen ein paar Kinder zum Tisch und legen die Gaben darauf, die sie heute von zu Hause mitgebracht haben: Äpfel und Birnen, Tomaten, Weintrauben, Ähren, einen dicken Kohlkopf und einen Kürbis, der so dick und groß ist, daß Beate und Gero ihn zusammen tragen müssen. Auch ein rundes Brot kommt auf den Tisch. Das hat Uschis Mutter extra für heute gebacken. Dazu Milch, Joghurt, eingemachtes Obst, Honig und Marmelade. Für all das, was die Kinder auf den Erntedanktisch legen und stellen, danken sie Gott. Er hat uns das alles gegeben, damit jeder von uns satt wird.
Aber etwas fehlt noch!
Gut, daß Kerstin daran gedacht hat! Sie legt eine Tüte voll frischer Kartoffeln auf den Tisch.
„Sie sind aus unserem Garten!“ sagt sie und zeigt den anderen die Erde, die noch an den Kartoffeln klebt.
Lilo bringt noch Pflaumen und einen dicken Pfirsich.
Dann dankt Frau Emde Gott für die Gaben: „Guter Gott, wir danken dir für alles, was du uns geschenkt hast. Wir haben im Frühjahr den Samen in die

Erde gelegt. Du hast alles wachsen und reif werden lassen. Und jetzt liegen die reifen Früchte hier auf dem Tisch! Danke, guter Gott!"
Da ruft Tommy: „Ich habe auch noch etwas!" Und umständlich zieht er ein blaues Spielzeugauto aus seiner Hosentasche.
„Aber das gehört doch nicht auf diesen Tisch!" sagt Frau Emde. Auch die anderen Kinder sind nicht damit einverstanden, als Tommy sein blaues Auto oben auf den dicken gelben Kürbis stellt.
„Doch!" schreit Tommy. „Es gehört doch dazu! Als wir im Frühjahr im Garten arbeiteten, habe ich es verloren. Aber gestern, als ich Mutti beim Äpfelpflücken half, lag es plötzlich im Gebüsch an der Hecke!"
„Laß es auf dem Kürbis stehen!" lacht Frau Emde. Und als sie sieht und hört, wie alle übrigen lachen, die Erzieher und die Kinder, da denkt sie, daß Gott in seiner großen Güte bestimmt nichts gegen Tommys blaues Spielzeugauto auf dem Erntedanktisch hat.

Rolf Krenzer, aus R. Krenzer: Glauben erlebbar machen, Verlag Herder, Freiburg

Eva bäckt Brot

An einem Tag im frühen Herbst kommt Eva heim. Sie trägt ihren Anorak mit ausgestreckten Armen vor sich her.
„Aber Eva", sagt die Mutter, „warum hast du den Anorak ausgezogen? Es ist heute doch so kühl und windig!"
Sie will Eva die Jacke abnehmen.
„Nein", ruft Eva. „Vorsicht, stoß mich nicht. Ich hab die ganze Kapuze voll Körner. Die hab ich alle vom Stoppelfeld aufgesammelt. War das eine Mühe!"
Sie trägt den Anorak in die Küche. Dort legt sie ihn behutsam auf den Tisch. Die Körner liegen in der Kapuze wie in einem Nest. Eva schüttelt die Arme. Sie sind vom Tragen ganz steif geworden, und kalt sind sie auch.
„Was hast du jetzt mit den Körnern vor?" fragt die Mutter.
„Das wirst du gleich sehen", sagt Eva, holt sich die alte Kaffeemühle aus dem Küchenschrank und füllt Körner hinein. Dann fängt sie an zu mahlen. Es knackt und rasselt. Sie mahlt bis zum Mittagessen und danach auch noch eine Stunde. Dann hat sie alle Körner aus der Kapuze gemahlen. Die Kapuze ist leer. Dafür hat sie jetzt eine kleine Schüssel voll Mehl mit vielen Schalenstückchen darin.
„Das nennt man Schrot", sagt die Mutter.
„Puh", seufzt Eva und dehnt sich. „Mein Rücken tut so weh."
„Kein Wunder", sagt die Mutter. „Du hast ja auch schwer gearbeitet."
„Und jetzt wird Brot gebacken", sagt Eva.
„Warum machst du dir solche Mühe?" fragt Bruder Thomas und will sich ausschütten vor Lachen. „Wir haben doch Brot genug im Schrank."
„Aber das ist nicht *mein* Brot", sagt Eva.
Sie schüttet das Gemahlene in eine größere Schüssel. Sie läßt sich von der Mutter ein bißchen Milch und ein Ei und ein Tütchen Backpulver geben.

„Brot macht man doch mit Sauerteig", sagt Thomas.
„Laß sie in Ruhe", mahnt die Mutter. „Sie macht sich eben ihr eigenes Brotrezept. Das wird sicher auch sehr gut schmecken."
„Hab ich was vergessen?" fragt Eva.
„Wenn es ein süßes Brot werden soll", sagt die Mutter, „fehlt noch Zucker. Ein paar Rosinen wären auch nicht schlecht."
„O ja, Rosinen", ruft Eva.
Die Mutter schaltet den Backherd ein. Er soll schon warm werden. Eva knetet und ketet. Sie wird vor Anstrengung ganz rot im Gesicht. Thomas grinst. Er steht mit den Händen in den Taschen da und schaut zu, wie Eva endlich eine lange, plattgedrückte Wurst auf das Backblech legt und dann das Backblech in den Backherd schiebt. Aus dem Backherd quillt Hitze. Eva verbrennt sich am Daumen. Endlich hat sie die Klappe vom Backherd wieder zu. Aufgeregt versucht sie, durch das Fenster in der Klappe auf ihr Brot zu schauen.
„Ruh dich nur aus", sagt die Mutter. „Es dauert eine ganze Weile, bis das Brot gebacken ist."
„*Mein* Brot", seufzt Eva erschöpft.
Sie setzt sich auf die Bank in der Eßecke und wartet. Aber sie ist vom Körnersammeln und Heimtragen und Mahlen und Mischen und Kneten und Formen so müde, daß sie einschläft.
Nach einer langen Weile hört Eva Mutters Stimme sagen: „Eva, dein Brot ist fertig."
Die Mutter muß es ein paarmal sagen, bis Eva wach wird. Thomas zupft sie am Zopf. Da springt Eva auf, läuft zum Herd, reißt die Klappe auf. Sie spürt nicht nur die Hitze. Sie riecht auch den Duft, herrlichen Duft nach Gebackenem.
Die Mutter reicht Eva zwei Topflappen. Eva zieht das Blech heraus. Sie schreit vor Entzücken auf: Da liegt es, ihr Brot — goldbraun und krustig. Ein prächtiges Brot. Auch Thomas beugt sich darüber und schnuppert. Er grinst nicht mehr. Er staunt.
Zum Abendessen teilt Eva der ganzen Familie von ihrem Brot aus. Es ist ein bißchen hart. Aber keiner stört sich daran. Der Vater taucht seine Scheibe in den Tee, da wird die Kruste weicher.
„Kaum zu glauben, daß ich eine Tochter habe, die schon Brot backen kann", sagt er.
„Ich hab's nicht nur gebacken", sagt Eva stolz. „Ich hab's ganz und gar gemacht, mit Körnersammeln und Mahlen und allem anderen. Es war eine große Arbeit. Nur die Körner hab ich nicht gemacht. Die sind von allein gewachsen."

Gudrun Pausewang, aus Volker Fritz / Rolf Krenzer: 100 einfache Texte zum Kirchenjahr, Verlag Ernst Kaufmann, Lahr und Kösel-Verlag, München

Erntedank im Kindergarten

Am Sonntag ist Erntedankfest. Wir wollen im Kindergarten auch Gott für alles danken, was er uns in diesem Jahr geschenkt hat. Deshalb dürfen wir alle heute etwas aus dem Garten mit in den Kindergarten bringen.
„Wir spielen zusammen ein Spiel!“ sagt Jutta, die Erzieherin. Sylvia und Jörg dürfen ein Gartentor sein. Sie stehen sich gegenüber und halten sich an den Händen. Dann gehen sie langsam auseinander, so daß sich das Gartentor richtig öffnet.
„Wir sind das Gartentor!“ sagen sie dazu.
Erik darf ein Apfelbaum sein, und Jens ein zweiter.
Jeder hält zwei dicke Äpfel in seinen ausgestreckten Händen.
Die Arme sind die Äste des Apfelbaumes.
„Wir sind die Apfelbäume und stehen im Garten!“ rufen die beiden Jungen.
Esther und Carola dürfen Birnbäume sein. Birnbäume, die richtige Birnen tragen.
„Wir sind die Birnbäume und stehen im Garten!“ sagen sie stolz. Es gibt noch viele andere Bäume: Mirabellen, Pflaumen, Kirschen, Pfirsiche.
Da können viele Kinder mitmachen. Nur Petra ist ein bißchen traurig. Sie würde so gern ein Kirschbaum sein. Aber Kirschen gibt es jetzt im Herbst nicht mehr.
„Du darfst der Wind sein!“ sagt Jutta zu ihr.
Da ist Petra gleich wieder froh. Sie bläst beide Backen auf und pustet die Bäume an. Sie rennt zwischen den Bäumen hin und her, so daß sie richtig geschüttelt werden.
Christine darf die Sonne sein.
Sie spreizt ihre Finger weit um ihren Kopf, so daß sie fast wie echte Sonnenstrahlen aussehen.
„Ich bin die Sonne und scheine auf die Bäume!“ sagt sie stolz.
Nun brauchen wir noch den Regen.
Gerold darf Juttas Regenschirm aufspannen.
Er läuft zwischen den Bäumen hinter dem Gartentor herum und schreit: „Ich bin der Regen und spritze euch naß!“
Schade, daß er das nicht wirklich tun darf.
Dann kommen Carmen und Bert in den Garten. Jutta hat ihnen einen Korb mitgegeben.
„Wir pflücken das Obst!“ sagen sie.
Dann gehen sie von einem Baum zum anderen. Sie pflücken Äpfel und Pfirsiche, Birnen und Mirabellen. Alles Obst, das an den Bäumen hängt. Sie legen das Obst vorsichtig in ihren Korb.
Jutta ist viel älter als alle Kinder im Kindergarten. Jetzt spielt sie die Mutter von Carmen und Bert. Sie nimmt eine große Schüssel, holt viele Messerchen und ruft: „Ich bin die Mutter. Carmen und Bert, kommt und bringt alles, was ihr im Garten gepflückt habt. Wir machen einen Obstsalat!“
Da wollen auch die andern Kinder keine Bäume mehr sein. Sie wollen alle

helfen. Und der Wind ist kein Wind mehr, die Sonne keine Sonne und Gerold klappt den Regenschirm zu.
Jeder greift nach einem Messerchen, denn alles Obst muß geschält und in kleine Stücke geschnitten werden. Natürlich hat Jutta auch an süße Sahne und an Zucker für den Obstsalat gedacht.
Beim gemeinsamen Arbeiten meint Jutta: „Es war heute bei uns fast wie im richtigen Garten. Alle haben geholfen, damit wir das Obst ernten konnten:

der Garten mit dem Gartentor
die Apfelbäume
die Birnbäume
die Pfirsichbäume..."

„Und natürlich die Sonne!" ruft Christine. „Ohne die Sonne kann doch nichts wachsen!"
„Ohne Regen auch nicht!" meint Gerold.
„Und den Wind brauchten wir auch!" lacht Jutta und nickt Petra zu.
Als der Obstsalat fertig ist, gibt es ein richtiges Fest.
Vor dem Essen falten die Kinder die Hände.
Jutta spricht: „Guter Gott, wir danken dir für das Obst, aber auch für Korn und Kartoffeln. Für alles, was du uns geschenkt hast, damit wir jeden Tag satt werden!"
„Amen!" rufen die Kinder und freuen sich über den köstlichen Obstsalat.

Rolf Krenzer, aus Volker Fritz / Rolf Krenzer: 100 einfache Texte zum Kirchenjahr, Verlag Ernst Kaufmann, Lahr und Kösel-Verlag, München

Die Geschichte vom Obstsalat

Heute will Frau Heimann mit der ganzen Gruppe Obstsalat zubereiten. Sie hat an alles gedacht: Eine ganz große Schüssel, Messerchen, um das Obst zu schälen und zu schneiden, auch Zucker und süße Sahne. Das Obst haben die Kinder mitgebracht: Äpfel und Birnen, Weintrauben, Apfelsinen und Bananen, dazu Nüsse und Rosinen. Das wird ein köstlicher Obstsalat werden.
Eifrig beginnen die Kinder, ihr Obst auszupacken und nach den Messerchen zu greifen. „Geht bitte ganz vorsichtig damit um!" sagt Frau Heimann. „Sie sind scharf!"
Da steht plötzlich Marina vor ihr. Ganz ernst blickt sie Frau Heimann an, und Tränen stehen ihr in den Augen.
„Du hast dich doch nicht schon geschnitten?" fragt Frau Heimann und greift nach Marinas Hand.
Marina schüttelt ernst den Kopf. „Ich gehe jetzt wieder nach Hause", sagt sie leise.
„Aber du hattest dich doch auch so sehr auf unseren Obstsalat gefreut!" Frau Heimann blickt Marina verständnislos an.
Da verzieht sich Marinas Mund, und jetzt laufen dicke Tränen über ihre Backen. „Ich habe aber doch die Äpfel vergessen, die ich mitbringen wollte!" jammert sie. „Sie liegen zu Hause auf dem Küchentisch!"

„Ich habe meine Sachen auch vergessen!" sagt Jens, der leise neben Marina getreten ist. „Meine Mutter hat es vergessen!"
„Das ist doch nicht schlimm!" lacht Frau Heimann und drückt jedem der beiden Kinder ein Messerchen in die Hand. „Schaut, wir haben alle unsere Sachen in die Mitte auf den Tisch gelegt. Nehmt euch etwas davon und helft mit, damit wir bald unseren Obstsalat aufessen können."
Als dann alles Obst geschnitten ist, als der Obstsalat mit Zucker und Sahne abgeschmeckt ist, stellt Frau Heimann viele Tellerchen auf den Tisch. Annette und Udo verteilen den Obstsalat auf die Teller, und alle passen auf, daß keiner zuviel oder zu wenig erhält.
„Das hätte ich nicht gedacht!" sagt Marina zu Jens, als sie den großen Obstsalatberg von ihrem Teller löffelt. „Wir haben gar nichts mitgebracht. Und jetzt hat jeder soviel!"
Frau Bergmann hat gehört, was Marina gesagt hat.
„So ist es immer, wenn man teilt!" sagt sie. „Dann bekommt jeder etwas. Und jeder hat genug, um satt zu werden!"
„Das ist fast ein Wunder!" sagt Jens und holt sich mit seinem Löffel ein großes Bananenstück vom Teller.

Rolf Krenzer, aus R. Krenzer: Glauben erlebbar machen, Verlag Herder, Freiburg

Das Brot der Armen

Vor vielen, vielen Jahren brach im Winter in Polen eine schwere Hungersnot aus.
Damals befahl der polnische König, all seine Kornspeicher zu öffnen und das Getreide an die Armen zu verteilen. Im Kloster Oliva bei Danzig backten die Mönche Brot und teilten allen, die an ihre Tür klopften, große Brotlaibe aus. Trotzdem hungerten viele Menschen in Polen. Aber schon immer gab es Menschen, denen die Not anderer nichts ausmachte. So einer war ein reicher Bauer, der nicht weit von Danzig wohnte und seine Kornspeicher bis unters Dach gefüllt hatte. Er gab nichts. Wenn er etwas verkaufte, dann zu einem solch schlimmen Wucherpreis, daß kaum jemand das Getreide bezahlen konnte.
Weil der Mann nie genug bekommen konnte, war er neidisch, als er hörte, daß die Mönche von Kloster Oliva das Brot verschenkten.
Er zog sich deshalb einen alten Bauernkittel an, so daß er wie ein Bettler aussah. In dieser Verkleidung klopfte er an die Klosterpforte und bat um Brot.
Die Mönche schenkten ihm einen großen Brotlaib. Den steckte er sogleich unter seinen Kittel und ging schnellen Schrittes heim. Unterwegs begegnete ihm eine alte, halb verhungerte Frau, die ein kleines Kind auf den Armen trug, das vor Hunger weinte.
„Habt Erbarmen!" rief die Frau. „Mein Enkelkind hat seit Tagen nichts mehr gegessen. Es wird sterben, wenn Ihr ihm nichts gebt!"

„Ich habe nichts!“ rief der Reiche. „Lauft nach Oliva zum Kloster. Die Mönche geben euch Brot!“
„Ich kann nicht mehr!“ sagte die alte Frau leise. „Aber Ihr tragt ein Brot unter dem Kittel. Wenn Ihr mir nur ein Stückchen davon abgeben würdet!“
„Ich bin arm und habe nichts!“ schrie der Reiche.
Da blickte ihn die alte Frau flehend an und bettelte: „Doch, Ihr habt Brot! Im Namen Christi, gebt mir ein Stück Brot für das Kind!“
Da schrie der Mann wütend: „Ich habe kein Brot unter meinem Kittel. Es ist nur ein Stein. Ich will eine Brücke bauen, und bei uns gibt es kaum Steine!“
So ließ er die Frau und das Kind stehen und lief davon.
Da hob die Frau ihre Hand drohend zum Himmel und rief: „Du lügst! Weil du so hartherzig bist, soll sich das Brot wirklich in Stein verwandeln!“
Im gleichen Augenblick wurde der Brotlaib zu Stein. Er wurde so schwer, daß er den Mann auf den Boden zog.
Lange lag der Reiche da. Dann begriff er das Wunder, das geschehen war. Sein Herz wurde weich, und er öffnete alle seine Kornspeicher und verschenkte das Korn an die Hungernden. Er wollte alles wiedergutmachen und denen helfen, die er betrogen hatte.
Der Stein war noch lange im Klostergang von Oliva zu sehen.

Eine Legende aus Polen, neu erzählt von Rolf Krenzer, aus R. Krenzer: Alle Kinder warten auf Weihnachten — Ein Stundenbuch —, Lahn-Verlag, Limburg

Die Legende von der heiligen Elisabeth und den Rosen

Elisabeth war eine ungarische Prinzessin, die nach Thüringen kam und mit dem Grafen Ludwig verheiratet wurde. Er liebte seine schöne Frau sehr, konnte aber nicht verstehen, daß sie sich mit all ihren Kräften um Arme und Kranke kümmerte.
Als einmal eine große Hungersnot über das Land kam, als sich die Menschen von Kräutern, Wurzeln und wilden Früchten kümmerlich ernährten, ließ Elisabeth alle Vorräte, die auf der Wartburg waren, an die Armen verteilen. Sie ging selbst in die Dörfer hinunter und verschenkte alles Brot, das sie hatte. Als Elisabeth wieder einmal mit einem Korb auf dem Weg zum Dorf war, begegnete sie ihrem Mann. Der ärgerte sich sehr, als er sah, daß Elisabeth schon wieder die Vorräte aus der Burg zu den armen Leuten schleppte.
Ungehalten schrie er sie an: „Was trägst du in deinem Korb?“ Da lächelte Elisabeth und nahm vorsichtig die Decke von ihrem Korb herunter. Und mit Staunen sah der Graf, daß der Korb bin obenhin voller herrlicher Rosen war.
Elisabeth war ebenso erstaunt wie der Graf. Sie hatte in der Burg den Korb bis zum Rand mit Brot vollgepackt.
So erfuhren beide, daß hier ein Wunder geschehen war. Der Graf aber erkannte, daß der Himmel selbst Elisabeth beschützte. Ehrfürchtig schaute er sie an. Doch Elisabeth blickte ihm so freundlich in die Augen, daß er sie anlächeln konnte. Zugleich versprach er ihr, daß er niemals mehr etwas dage-

gen einwenden würde, wenn Elisabeth die Armen mit den Vorräten aus der Wartburg beschenkte. So diente Elisabeth ihr Leben lang den Armen und wird bis zum heutigen Tage als die heilige Elisabeth verehrt.

Rolf Krenzer

Die Singvögel

Ein freundliches Dörfchen war von einem ganzen Walde fruchtbarer Bäume umgeben. Die Bäume blühten und dufteten im Frühling auf das lieblichste. Auf ihren Ästen und in den Hecken umher sangen und nisteten allerlei muntere Vögel. Im Herbst aber waren alle Zweige reichlich mit Äpfeln, Birnen und Zwetschgen beladen. Da fingen einige böse Buben an, die Nester auszunehmen und zu zerstören. Die Vögel wurden dadurch verscheucht und zogen nach und nach ganz aus der Gegend hinweg. Man hörte in den Gärten und auf der Flur kein Vöglein mehr singen, alles war ganz still und traurig. Die schädlichen Raupen aber, die sonst von den Vögeln hinweggefangen wurden, nahmen überhand und fraßen Blätter und Blüten ab.
Die Bäume standen kahl da wie mitten im Winter, und die bösen Buben, die sonst köstliches Obst im Überfluß zu verzehren hatten, bekamen nicht einen Apfel mehr zu essen.

Christoph von Schmid, Gesammelte Schriften, München 1883

Die Kornähre

Vor Zeiten, als Gott noch selbst auf Erden wandelte, da war die Fruchtbarkeit des Bodens viel größer, als sie jetzt ist; damals trugen die Ähren nicht fünfzig- oder sechzigfältig, sondern vier- bis fünfhundertfältig. Da wuchsen die Körner am Halm von unten bis oben hinaus: so lang der war, so lang war auch die Ähre. Aber wie die Menschen sind, im Überfluß achteten sie des Segens nicht mehr, der von Gott kommt, wurden gleichgültig und leichtsinnig. Eines Tages ging eine Frau an einem Kornfeld vorbei, und ihr kleines Kind, das neben ihr sprang, fiel in eine Pfütze und beschmutzte sein Kleidchen. Da riß die Mutter eine Handvoll der schönen Ähren ab und reinigte ihm damit das Kleid. Als der Herr, der eben vorüberkam, das sah, zürnte er und sprach: „Fortan soll der Kornhalm keine Ähre mehr tragen, die Menschen sind der himmlischen Gabe nicht länger wert." Die Umstehenden, die das hörten, erschraken, fielen auf die Knie und flehten, daß er noch etwas möchte an dem Halm stehenlassen, wenn sie selbst es auch nicht verdienten, doch der unschuldigen Hühner wegen, die sonst verhungern müßten. Der Herr, der ihr Elend voraussah, erbarmte sich und gewährte die Bitte. Also blieb noch oben die Ähre übrig, wie sie jetzt wächst.

Brüder Grimm

Wenn Bulu etwas zu essen hätte

Wieder hatte die Sonne den ganzen Tag über heiß gebrannt. Wieder hatten sie alle um Regen gebetet, Bulu, seine beiden Schwestern und seine drei

Brüder. So hatten sie bereits seit vielen Wochen gebetet. Aber Tag für Tag hatte die Sonne weiter auf die Erde gebrannt. So war das Getreide auf den Feldern verdorrt. Und die Kühe fanden auch kein Futter mehr.
Zwei Kühe hatten Bulus Eltern einmal besessen. Das war lange her.
Beide Kühe waren nacheinander elend eingegangen, weil niemand mehr Futter für sie hatte.
Schlimmer noch: Das Wasser war für die Menschen so knapp geworden, daß es ganz sorgfältig aufgeteilt werden mußte. Wenn es nicht bald regnete, dann würde der kleine Brunnen am Ende ganz versiegen. Am Brunnen stand immer ein Mann, der genau aufpaßte, daß jede Familie nur einen ganz geringen Teil von dem Wasser erhielt. Die Eimer, die aus dem Brunnen herausgezogen wurden, waren längst nicht mehr bis zum Rand gefüllt.
Und wer wußte schon, ob es morgen regnen würde. Morgen? Oder übermorgen... oder erst in einem Monat.
Gestern hatte Bulus Mutter noch etwas Brei für alle gehabt, bevor sie sich zum Schlafen hinlegten. Aber Bulu hatte wohl bemerkt, daß sie selbst nichts davon gegessen hatte. Und heute hatte es nichts zu essen gegeben. Nicht am Morgen, nicht zu Mittag und auch nicht jetzt vor dem Schlafengehen.
Die Mutter hatte geweint, als ihre Kinder immer wieder um Essen gebettelt hatten.
Heute hatten sie den kleinen Lobo aus seiner Hütte herausgetragen. Er war noch nicht einmal vier Jahre alt. Und er hatte sieben ältere Geschwister. Lobo hatte vor Hunger sterben müssen. Seine Mutter war vor ihm gestorben. Bereits in der vorigen Woche. Jetzt weinten die Kinder dort drüben in der Hütte laut.
Wenn es morgen regnen würde, dachte Bulu, wird der Brunnen wieder Wasser haben. Dann werden die Wiesen wieder grün werden, dann wird das Getreide wieder auf den Feldern wachsen können. Dann werden wir alle wieder satt werden.
Aber es würde lange dauern, bis sich das Land von der großen Trockenheit erholt hätte. Morgen würde Bulu auch noch nichts zu essen haben. Er nicht, seine Geschwister nicht. Keiner hier im Dorf.
Aber heute hatten sie davon erzählt, daß vielleicht morgen ein Lastwagen kommen würde. Ein Lastwagen, voll beladen mit Mehl und Trockenmilch, mit Wasser und vielen Lebensmitteln. So viele Lebensmittel, daß es für alle reichen würde.
Menschen in einem anderen Land hätten die Lebensmittel zu ihnen nach Afrika geschickt.
Die Erwachsenen erzählten davon. Sie hofften so sehr darauf und fürchteten, daß morgen doch kein Lastwagen kommen würde.
Schon in der letzten Woche hatten sie auf ihn gewartet. Und bereits viele Wochen vorher. Aber wenn jetzt keine Hilfe käme, dann wäre es zu spät. Dann würden noch mehr Menschen sterben. Kinder und Erwachsene.
Noch einmal faltete Bulu seine Hände.

„Gott!“ sagte er leise und schluchzte vor Hunger. „Gott, laß sie uns nicht vergessen. Hilf uns doch! Schicke doch morgen den Lastwagen mit den Lebensmitteln zu uns. Wir müssen sonst alle vor Hunger sterben.“

Rolf Krenzer

Allerlei Rätsel

Was wir alles ernten dürfen

Willst du mich im Wald mal pflücken,
mußt du dich nach unten bücken.
Eine Beere, rot und schön!
Laß' sie zart im Mund zergehn.
Sahne, Zucker, Milch dazu.
Jeder ißt mich auf im Nu.
Erdbeere (Walderdbeere)

Tief im Wald mußt du mich suchen.
Schmecke gut auf jedem Kuchen.
Ich bin rund und blau und klein.
Steck' mich in den Mund hinein.
Blau die Zähne, blau der Mund.
Ich bin süß und sehr gesund.
Heidelbeere

Der Busch, an dem sie wachsen,
will seine Stacheln zücken.
Drum gehe ganz behutsam vor,
willst du die Beeren pflücken.
Es haben zarte Borsten
die gelben, roten Beeren.
Doch wenn du sie gepflückt hast,
wirst du sie gern verzehren.
Stachelbeeren

Wer mich will zum Essen haben,
muß mich aus der Erde graben,
muß mich waschen, muß mich pellen,
mir die braune Haut abschälen,
muß mich kochen. Aber dann
ißt mich gerne jedermann.
Aus mir, und das ist kein Witz,
macht man Chips und auch Pommes frites.
Kartoffel

Innen rot
und außen rot.
Ich schmecke gut auf Butterbrot.
Du kannst mich in feine Scheiben schneiden
und mit mir einen Salat bereiten.
Rotes Fruchtfleisch, gelbe Kerne.
Jeder, jeder ißt mich gerne.

Tomate

Am Baum im Garten kannst du mich pflücken.
Du ißt mich ganz und in kleinen Stücken.
Ich bin fast wie ein Ball so rund.
Die Schale rot und grün, ganz bunt.
Innendrin hab' ich braune Kerne.
Alle essen mich sehr gerne.

Birne

Meine Haut ist weich und zart,
weich wie Samt. Mein Stein ist hart.
Doch mein zartes, gelbes Fleisch,
das ist saftig, süß und weich.
Alle Damen, alle Herrn,
alle essen sie mich gern.

Pfirsich

Ich kenne einen kleinen Mann,
der nur auf einem Bein stehn kann.
Ein großer Hut sitzt auf dem Kopf.
Gut oder giftig ist der Tropf.

Pilz

Ratet, Kinder, wer ich bin,
hänge hoch im Baume drin,
hab rote Bäckchen,
'nen Stiel hab' ich auch
und einen dicken, runden Bauch.

Apfel

Alle aus Rolf Krenzer: Nun rate, rate, wer ich bin,
Edition Kemper im Verlag Ernst Kaufmann, Lahr

Wer ist so klug, wer ist so schlau,
dem schüttle ich was vom Bäumchen:
Es ist innen gelb und außen blau,
hat mittendrin ein Steinchen.

Pflaume oder Zwetschge

(mündlich überliefert)

Reime, Verse und Gedichte

Rippche, Rippche roll

Rippche, Rippche roll,
wir haben unser Töpfchen voll,
voll bis an die Henke,
schwicke, schwacke, schwenke.
Juchhe!
Der Bauer sitzt im Klee!
Heut abend gibt's Gelee!

Roll, roll, roll

Roll, roll, roll,
mein Topf ist voll,
mein Bauch ist leer,
mein Kopf ist schwer,
heut gibt's viel schwarze Beer.

Heimzu, die Zeit ist da

Heimzu, die Zeit ist da,
der Heidelbeerwald ist grün und blau.
Grün voll Laub,
weiß voll Staub,
blau, blau voll Heidelbeern.

Zwei Fingerspiele

Der muß das Bäumchen schütteln,
der wirft hinauf mit Knütteln,
der klaubt die Birnen ins Säckchen,
der schleppt nach Haus das Päckchen,
und der versteckt es in dem Stroh,
da sind sie miteinander froh.

Das ist der Daumen,
der möchte Pflaumen,
der möchte einen Semmelwecken,
der süße Schokolade schlecken,
und der kleine Springinsfeld
möchte einen Sack voll Geld.

Der Bauer

Wollt ihr wissen, wie der Bauer
seinen Hafer aussät?
Seht, so, so macht's der Bauer,
wenn er Hafer aussät.

Wollt ihr wissen, wie der Bauer
seinen Hafer abmäht?
Seht, so, so macht's der Bauer,
wenn er Hafer abmäht.

Wollt ihr wissen, wie der Bauer
seinen Hafer einfährt?
Seht, so, so macht's der Bauer,
wenn er Hafer einfährt.

Wollt ihr wissen, wie der Bauer
seinen Hafer ausdrischt?
Seht, so, so macht's der Bauer,
wenn er Hafer ausdrischt.

Wollt ihr wissen, wie der Bauer
seinen Hafer verkauft?
Seht, so, so macht's der Bauer,
wenn er Hafer verkauft.

Wollt ihr wissen, wie der Bauer
von der Arbeit ausruht?
Seht, so, so ruht der Bauer
von der Arbeit sich aus.

Wollt ihr wissen, wie der Bauer
nach der Ernte sich freut?
Seht, so, so macht's der Bauer,
wenn er nach der Ernte sich freut.

Ein Kind steht in der Mitte des Kreises und macht die angegebenen Tätigkeiten vor, die anderen Kinder machen sie dann ebenfalls nach.

Es war voll Äpfel ein Apfelbaum

Es war voll Äpfel ein Apfelbaum,
der hatte sieben Äste,
auf jedem Ast ein Männlein saß,
das waren sieben Gäste.
Der Montag hat den Stamm gerüttelt,
der Dienstag hat die Zweige geschüttelt,
der Mittwoch hebt die Äpfel auf,
der Donnerstag legt sie schön zu Hauf',
der Freitag hat sie geputzt und gezählt,
der Samstag die schönsten sich ausgewählt;
der Sonntag aber ruft: „So ein Glück!"
und ißt alle Äpfel im Augenblick.

Wolln heim gehn

Wolln heim gehn,
wolln heim gehn,
der Korb ist voll,
es ist getan,
wolln heim gehn,
die Arbeit ist getan.
Nun deckt den Tisch,
gebt her den Brei,
die fleißgen Kinder
kommen frei.
Wolln heim gehn,
wolln heim gehn,
die Arbeit ist getan.

Wir dreschen

Wir dreschen, wir dreschen,
wir dreschen das Korn,
und sind wir zu Ende,
beginnen wir vorn.

Wir bringen mit Gesang und Tanz

Wir bringen mit Gesang und Tanz
euch diesen blanken Erntekranz
für Bräutigam und Braut.
Die Fiedel und Hoboe schallt,
die Glocken gehn,
und jung und alt
springt hoch und jauchzet laut.

Er hängt, er hängt, der blanke Kranz,
beginnt ihr Schnitter Reihentanz
und singt mit frohem Mut.
Es lebe unser Vater hoch
und seine Frau und Kinder hoch,
juchheißa, schwingt den Hut.

alle mündlich überliefert

Der Bauer baut mit Müh und Not

Der Bauer baut mit Müh und Not
das Korn für unser täglich Brot.
Zum Müller wird das Korn gebracht
und feines Mehl daraus gemacht.
Der Bäcker nimmt das Mehl ins Haus
und bäckt im Ofen Brot daraus.
Die Mutter streicht noch Butter drauf
und wir — wir essen alles auf.

E. Lausch

Erntedank

Ihr lieben Leute, laßt euch sagen:
Wir brachten heim den letzten Wagen.
Wir brachten heim die letzten Garben:
nun soll im Lande keiner darben.

O Erntezeit, o heil'ge Zeit!
O Segen ohne Ende!
So hebt in hoher Freudigkeit
zum Himmel eure Hände
und danket alle Gott!

Volksgut

Das Ährenfeld

Ein Leben wars im Ährenfeld
Wie sonst wohl nirgends auf der Welt:
Musik und Kirmes weit und breit
Und lauter Lust und Fröhlichkeit.

Die Grillen zirpten früh am Tag
Und luden ein zum Zechgelag:
Hier ist es gut, herein, herein!
Hier schenkt man Tau und Blütenwein.

Der Käfer kam mit seiner Frau,
Trank hier ein Mäßlein kühlen Tau,
Und wo nur winkt ein Blümelein,
Da kehrte gleich das Bienchen ein.

Den Fliegen ward die Zeit nicht lang,
Sie summten manchen frohen Sang.
Die Mücken tanzen ihren Reihn
Wohl auf und ab im Sonnenschein.

Das war ein Leben ringsumher,
Als ob es ewig Kirmes wär.
Die Gäste zogen aus und ein.
Und ließen sichs gar wohl dort sein.

Wie aber geht es in der Welt?
Heut ist gemäht das Ährenfeld,
Zerstöret ist das schöne Haus,
Und hin ist Kirmes, Tanz und Schmaus.

Hoffmann von Fallersleben

Erntelied

Es steht ein goldnes Garbenfeld,
Das geht bis an den Rand der Welt.
Mahle, Mühle, mahle!

Es stockt der Wind im weiten Land,
Viel Mühlen stehn am Himmelsrand.
Mahle, Mühle, mahle!

Es kommt ein dunkles Abendrot,
Viel arme Leute schrein nach Brot.
Mahle, Mühle, mahle!

Es hält die Nacht den Sturm im Schoß,
Und morgen geht die Arbeit los.
Mahle, Mühle, mahle!

Es fegt der Sturm die Felder rein,
Es wird kein Mensch mehr Hunger schrein.
Mahle, Mühle, mahle!

Richard Dehmel

Lieder, Spiellieder und Spieltänze

Die Mühle geht langsam

Überliefert

Jeweils zwei Kinder fassen sich an beiden Händen (eventuell Kreuzfassung). Im ersten Teil des Liedes drehen sie sich langsam, im zweiten Teil etwas schneller umeinander.

Die Mühle, die braucht Wind

Volksgut

Das Korn wird Mehl, das Mehl wird Brot,
und Brot tut allen Menschen not.
Drum braucht die Mühle Wind, Wind, Wind,
sonst geht sie nicht geschwind.

Es klappert die Mühle

Flink laufen die Räder und drehn uns den Stein,
klipp klapp,
und mahlen den Weizen zu Mehl uns so fein,
klipp klapp.
Der Bäcker dann Zwieback und Kuchen draus bäckt,
der immer den Kindern besonders gut schmeckt.
Klipp klapp, klipp klapp, klipp klapp.

Wenn reichliche Körner das Ackerfeld trägt,
klipp klapp,
und Mühle dann flink ihre Räder bewegt,
klipp klapp,
und schenkt uns der Himmel nur immerdar Brot,
so sind wir geborgen und leiden nicht Not.
Klipp klapp, klipp klapp, klipp klapp.

Text: E. Anschütz, Melodie: volkstümlich

Was ißt du am liebsten?

Du ißt am liebsten Nudeln.
Eßt doch mit!
Das schmeckt so gut, das schmeckt so gut,
drum: Guten Appetit!

Text: Rolf Krenzer, Melodie: Inge Lotz, aus I. Lotz / R. Krenzer: Mach mit uns Musik, Verlag Ernst Kaufmann, Lahr und Kösel-Verlag, München

Einer zeigt pantomimisch, was er am liebsten ißt, z. B. Nudeln (Spaghettis aufrollen, dann in den Mund stecken), Würstchen (Würstchen in die Hand nehmen, in Senf tunken, in den Mund stecken), Ostereier (Eier schälen, dann essen oder Eier im Eierbecher löffeln), Kuchen (Kuchen aufschneiden, ein Stück essen), Eis (lutschen).
Die übrigen Mitspieler müssen raten, um was es sich handelt, dann ahmen sie das Essen nach.

Variation: Was trinkst du am liebsten? (heißen Tee, Selterswasser, Limonade usw.)

Äpfelpflücken

Alle: Mitten auf der Wiese
Steht ein großer Baum,
Und da hängen Äpfel dran,
So groß, ihr glaubt es kaum.
Einer: Ach, die Äpfel hängen so hoch,
Ich komm ja gar nicht dran!
Ach, was mache ich denn bloß?
Alle: Stell doch die Leiter an!
Klettre auf die Leiter,
Klettre Schritt für Schritt.
Wenn du oben Äpfel pflückst,
Bring mir auch einen mit!

Die Kinder fassen sich an den Händen an und gehen im Kreis herum. Ein Kind steht in der Mitte auf einem Stuhl und stellt mit ausgestreckten Armen den Baum dar. Wenn es heißt: „Stell doch die Leiter an!“, wird ein Stuhl als Leiter an den Baum gestellt. Wenn die Äpfel gepflückt sind, stellen andere Kinder im Kreis die Szene dar. Weitere Strophen: … da hängen Pflaumen, Kirschen, Birnen usw. dran.

Inge Lotz, aus Inge Lotz / Rolf Krenzer: Hast du unsern Hund gesehen? — Neue Spiellieder für 3- bis 8jährige, Verlag Ernst Kaufmann, Lahr und Kösel-Verlag, München.

Das Lied hat eine reizvolle weitere Strophe in einem Kindergarten erhalten, die inzwischen weit verbreitet ist:

Mitten in der Stube
steht ein grüner Baum.
Und da hängen Plätzchen dran,
so hoch, ihr glaubt es kaum.
Ach, die Plätzchen hängen so hoch.
Ich komme ja gar nicht dran!
Ach, was mache ich da bloß?
Stell doch den Vati an!
Klettre auf den Vati,
klettre Schritt für Schritt.
Und wenn du oben Plätzchen pflückst,
dann bring mir auch eins mit!

… Und das wird natürlich auch in ein Spiel umgesetzt.

Spannenlanger Hansel volkstümlich aus Österreich

Lauf doch nicht so schnelle, spannenlanger Hans!
Ich verlier die Birnen und die Schuh noch ganz.
Trägst ja nur die kleinen, nudeldicke Dirn,
Und ich schlepp den schweren Sack mit großen Birn.

Ein Kreisspiel wird angeregt, bei dem die nudeldicke Dirn hinter dem spannenlangen Hansel herzieht. Sie schütteln gemeinsam die Äpfel und laufen dann wieder hintereinander her, wobei die Dirn nicht recht mitkommt. Kleine Säcke, mit zwei oder drei Birnen gefüllt, erhöhen den Reiz des Spiels.

Wir danken Gott für alles

Refrain:

Wir danken Gott für alles,
was wir geerntet haben
und bringen dir zu deinem Tisch
die allerbesten Gaben.
Bringen alles zu dir und danken dir dafür.

Verse:

2. Von den Bäumen Obst und Nüsse,
aus dem Garten das Gemüse,
bringen alles zu dir
und danken dir dafür.

3. Unser Korb ist voll beladen
mit Kartoffeln und Tomaten,
bringen alles zu dir
und danken dir dafür.

4. Aus den Gärten und den Wäldern,
von den Wiesen und den Feldern,
bringen alles zu dir
und danken dir dafür.

5. Herr, wir haben satt zu essen.
Dürfen den jetzt nicht vergessen,
der kein Essen mehr hat
und der niemals wird satt.

Wir singen den Refrain gemeinsam. Zu jedem neuen Vers bringen Kinder die Gaben zu dem Altar und stellen sie dort auf. Anschließend stellen sie sich im Halbkreis um den Altar herum auf. Immer mehr Kinder kommen hinzu.

Text: Rolf Krenzer, Melodie: Wolfgang Schult, aus: 100 einfache Lieder Religion, Verlag Ernst Kaufmann, Lahr und Kösel-Verlag, München

Seht, was wir geerntet haben

1. Spieler:	Ich bringe eine Gurke.
	Ich esse gerne Gurkensalat.
Alle singen:	Seht, was wir geerntet haben...
2. Spieler:	Das ist ein Apfel.
	Aus Äpfeln gibt es Apfelsaft.
Alle singen:	Seht, was wir geerntet haben...
3. Spieler:	Ich bringe Pflaumen.
	Morgen backen wir einen Pflaumenkuchen.
Alle singen:	Seht, was wir geerntet haben...
4. Spieler:	Zwei dicke Birnen.
	Ich habe sie selbst gepflückt!
Alle singen:	Seht, was wir geerntet haben...
5. Spieler:	Kartoffeln für Kartoffelbrei und Pommes Frites
Alle singen:	Seht, was wir geerntet haben...
	usw.

Wenn alle Spieler ihre Gaben zum Altar gebracht haben, tritt der Spielleiter vor.

Spielleiter:	Kommt heran, kommt heran.
	Schaut die vielen Früchte an.
	Reichlich ist der Tisch gedeckt.
	Nehmt, damit es allen schmeckt!

Er teilt und schneidet die Früchte und gibt jedem etwas. Das Austeilen der Früchte geht über die Spieler hinaus und bezieht alle, die sich im Raum befinden, mit ein. Jeder darf von den Früchten probieren. Wenn alle etwas erhalten haben, wird das Lied gemeinsam gesungen.

Text: Rolf Krenzer, Melodie: russ. Kinderlied, aus: 100 einfache Lieder Religion, Verlag Ernst Kaufmann, Lahr und Kösel-Verlag, München

Wenns zu Haus viel Arbeit gibt

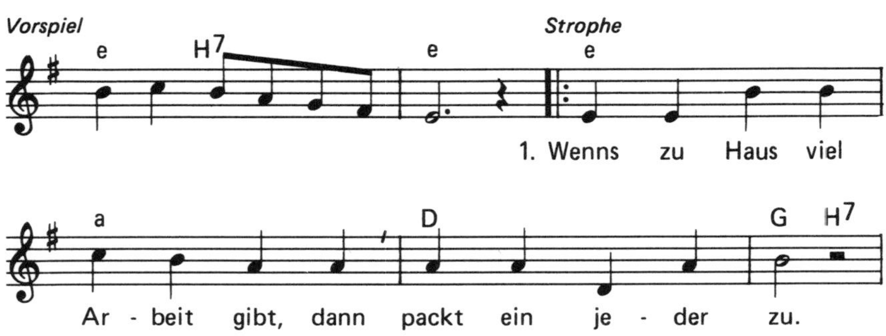

Wollen wir im Garten graben,
packt ein jeder zu.
Und zusammen, ja zusammen,
schaffen wirs' im Nu.

Wollen wir den Samen säen...
Wollen wir die Äpfel pflücken...
Wollen wir die Birnen pflücken...
Wolln wir das Getreide mähen...
Wollen wir das Korn aufladen...
Wollen wir unser Essen kochen...
Wollen wir zusammen feiern...
Wollen wir zusammen tanzen...

Hierzu lassen sich spontan viele weitere Strophen erfinden und in ein Spiel umsetzen.

Text: Rolf Krenzer, Melodie: Detlev und Lele Jöcker, aus „Und sie fingen an, fröhlich zu sein“, Menschenkinder-Musikverlag, Münster (MC und Liedheft)

In den Garten wolln wir gehn

— wollen nach den Pflaumen sehn
— wollen nach den Birnen sehn
— wollen nach den Nüssen sehn
— wollen nach den Mirabellen sehn

Text: Rolf Krenzer, Melodie: Inge Lotz, aus Inge Lotz / Rolf Krenzer: Wir sind die Musikanten, Verlag Ernst Kaufmann, Lahr und Kösel-Verlag, München

Wir schütteln im Spiel die verschiedenen Früchte von den Bäumen. Einer macht es vor, die anderen helfen mit. Dann sammeln wir alle in einem Korb auf, den wir pantomimisch tragen. (Zuerst ist der Korb leicht, danach ganz schwer).

Schenk uns, Herr, das tägliche Brot

Wir zeigen mit beiden Händen einen Sack voll Körner und füllen ihn dann in die Maschine, die sät.

2. Das Korn wächst heran.
   Das Korn wächst heran.
   Es bilden sich Ähren voll Körner daran.
   Wir zeigen, wie das Korn wächst. Wir machen uns ganz klein. Dann werden wir größer und größer. Schließlich haben wir eine dicke Ähre voller Körner. Wir bilden sie mit den Händen über unserem Kopf.

3. So reif ist das Korn.
   So reif ist das Korn.
   Die Ernte beginnt, und es geht nichts verlorn.
   Wir legen die Hand an die Stirn und schauen umher, wie gut die Ernte steht.

4. Die Ernte beginnt.
   Die Ernte beginnt.
   Der Mähdrescher schneidet und drischt ganz geschwind.
   Wir zeigen mit beiden Händen und Armen, wie das Korn abgeschnitten wird. Wir zeigen mit allen Fingern, wie die Körner in den Sack rieseln.

5. Zur Mühle hinein!
Zur Mühle hinein!
Das Korn wird gemahlen zu Mehl weiß und rein.
Die Mehlsäcke werden mit Mehl gefüllt, anschließend zugebunden.

6. Die Säcke füllt schnell!
Die Säcke füllt schnell!
Es braucht doch der Bäcker zum Backen das Mehl.
Die Mehlsäcke werden auf den Wagen geladen und zum Bäcker gebracht und dort heruntergenommen, schwere Mehlsäcke schleppen.

7. Er knetet es fein,
Er knetet es fein.
Und schiebt in den Ofen die Brote hinein.
Wir schöpfen Mehl aus dem Sack, mischen einen Teig, kneten ihn und formen einen Brotlaib und schieben ihn in den Backofen.

8. Das Brot kommt heraus.
Das Brot kommt heraus.
Wir kaufen und tragen das Brot dann nach Haus.
Wir holen das Brot aus dem Backofen, kaufen es und packen es in die Einkaufstasche.

9. Wer Hunger jetzt hat,
wer Hunger jetzt hat,
der ißt von dem Brot. Und wir werden all satt.
Wir schneiden das Brot auf und beißen hinein.

Alle Spielanleitungen können gestisch bzw. pantomimisch ausgeführt werden.

Text: Rolf Krenzer, Melodie: Inge Lotz, aus Inge Lotz / Rolf Krenzer: Wir sind die Musikanten, Verlag Ernst Kaufmann, Lahr und Kösel-Verlag, München

Ein Korn für dich

Text: Rolf Krenzer, Melodie: Peter Janssens, aus LP und Liedheft „Josef zwischen Wohlstaat und Armewelt", Peter Janssens Musik Verlag, 4404 Telgte

Teilst du mit mir dein Brot

Der Kanon kann beim Brotteilen im Gottesdienst, aber auch als Tischlied gesungen werden.
Er kann auch als Reigenlied gesungen werden: Wir gehen in vier Kreisen — jeweils zwei in entgegengesetzter Richtung —, wobei sich diejenigen, die sich jeweils am Ende der vierten und der achten Zeile des Kanons gegenüberstehen, die Hände reichen.

Text: Rolf Krenzer, Melodie Siegfried Fietz, aus R. Kenzer: Ich wünsche dir ein gutes Jahr. LP, MC und Werkbuch, Lahn-Verlag, Limburg u. Abakus-Schallplatten, 6349 Greifenstein 2

Lieber Gott, wir danken dir für das Brot

Lieber Gott, ich danke dir für die Milch...
Lieber Gott, ich danke dir für den Apfel...

aber auch: Lieber Gott, ich danke dir für das Spiel...
Lieber Gott, ich danke dir für den schönen Morgen...
Lieber Gott, ich danke dir, daß die Sonne scheint...
usw.

Text und Melodie: Rolf Krenzer, aus: „100 einfache Lieder Religion“, Verlag Ernst Kaufmann, Lahr und Kösel-Verlag, München

Danklied

Text: Rolf Krenzer, Melodie: Peter Janssens, aus MC und Liedheft: „Ich schenk' dir einen Sonnenstrahl“. Rechte im Peter Janssens Musik Verlag, 4404 Telgte

Das Lied kann auch im Kanon gesungen werden.

Knister-, Knusper-, Knäckebrot

Knister-, Knusper-, Knäckebrot
knackt und kracht im Mund.
Knister-, Knusper-, Knäckebrot
ist ja so gesund.

Etwas Butter, etwas Salz
oder auch Gelee.
Knister-, Knusper-, Knäckebrot
schmeckt zu Milch und Tee.

Herrlich kracht's am Frühstückstisch.
Klaus schafft sieben Stück.
Knister-, Knusper-, Knäckebrot
ist ein Stückchen Glück.

Knister-, Knusper-, Knäckebrot.
Keiner leidet Not.
Dank für Butter, Milch und Brot.
Danke, guter Gott!

Zu dem folgenden Danklied können wir mit Gesten darstellen, wofür wir Gott danken wollen:

Dankeschön

2. Du schenkst uns deine Gaben,
daß wir zu essen haben.
Ja, alles kommt von dir.
Drum danken wir dafür.
Dankeschön sagen wir...

3. Du läßt den Regen fallen
und hell die Sonne strahlen.
Ja, alles kommt von dir.
Drum danken wir dafür.
Dankeschön sagen wir...

4. Den Tag hast du erschaffen,
die Nacht zum guten Schlafen.
Ja, alles kommt von dir.
Drum danken wir dafür.
Dankeschön sagen wir...

5. Die Pflanzen auf den Feldern,
die Bäume in den Wäldern.
Ja, alles kommt von dir.
Drum danken wir dafür.
Dankeschön sagen wir...

6. Du läßt die Vögel singen.
Auch unser Lied soll klingen.
Ja, alles kommt von dir.
Wir danken dir dafür.
Dankeschön sagen wir...

Text: Rolf Krenzer, Melodie: Peter Janssens. Aus LP, MC und Liedheft: „Kommt alle und seid froh, 1982. Rechte im Peter Janssens Musik Verlag, 4404 Telgte

Ein kleines Tänzchen zum Erntedankfest mündlich überliefert

Gib mir schnell nun deine Hand,
du und ich, wir beide,
zweimal links und zweimal rechts
schwenkt das Kleid von Seide.

Ja, ich tanze gern mit dir,
du und ich, wir beide,
und mein schöner Federbusch
paßt zu deinem Kleide.

Keiner ist so schön wie wir,
du und ich, wir beide,
du mit deinem Federbusch,
ich mit meinem Kleide.

Schneller, geht's im Kreis herum,
du und ich, wir beide,
tanz auch schön und gib fein acht
auf mein Kleid von Seide.

Erntetanz

Alles, wofür wir danken, wird jeweils in der fünften Zeile eingesetzt, so daß nach und nach immer mehr dazukommen. Einer beginnt, und immer mehr gehen in den Kreis und gehen schreitend darin herum. Es können auch von der Mitte aus bunte Bänder aufgenommen werden, die von einem mitten im Kreis gehalten werden und von denen jeder Mittänzer ein Ende hält.

Dank für die Äpfel,
Dank für die Gaben,
daß wir zu essen
heut und morgen haben.

Dank für die Birnen...
Dank für die Trauben...
Dank für die Brote...
Dank für den Kuchen...
Dank für die Blumen...
Dank für Kartoffeln...
usw.

Text: Rolf Krenzer, Melodie: Ludger Edelkötter, aus MC und Liedheft: Wir feiern heut' ein Fest, Impulse Musikverlag, 4406 Drensteinfurt

Wir sagen danke (zu Genesis 1,1 — 31)

Einer: Für diesen Morgen und für die gute Nacht.

Alle: Ja, dafür sagen wir danke!
Vater wir danken für alles, was du gibst... usw.

Einer: Für unser Essen, daß keiner hungrig ist.
Für Wind und Regen und für den Sonnenschein.
Für unsere Arbeit und was wir heut' geschafft.
Für unser Spielen und unsre Fröhlichkeit.
Für diesen Abend und für den guten Tag.
Wir sagen danke für alles, was du gibst.

Das Lied kann als zweistimmiger Kanon gesungen werden; es können auch von einem Vorsänger die Verse zur Melodie des 1. Teiles gesungen werden, zu denen dann als 2. Stimme (leiser) das „Halleluja" des 2. Teiles gesungen wird.

Text: Rolf Krenzer, Melodie: überliefert aus R. Krenzer (Hrsg): Regenbogen bunt und schön, Verlag Ernst Kaufmann, Lahr und Kösel-Verlag, München und der gleichnamigen LP/MC bei Abakus-Schallplatten, 6349 Greifenstein 2

Wir sagen danke für alles, was du gibst (türkische Übersetzung)

Sana teşekkür ederiz

Bize vermiş olduklarin için sana teşekkür ederiz.
Evet, dana bunun için teşekkür ederiz.
Tanrim, bize verdiğin her şey için sana teşekkür ederiz.

2. bir kişi
Bu sabah ve bu gece için

Hep beraber
Evet, bunun için sana teşekkür ederiz...

3. Bir kişi
Hiç kimse aç kalamasi ve yiyeceklerimiz için...

4. Rüzgâr, Yağmur ve Güneşişinlari için

5. işimiz ve bugün yapmiş olduklarimiz için

6. Oyunumuz ve sevincimiz için

7. Bu akşam ve bu güzel gün için

8. Bize verdiğin her şey için sana teşekkür ederiz.

Der Bauer sät

2. Der Bauer mäht das Korn,
und dann wird es gedroschen.

3. Vom Müller kommt das Mehl,
und dann wird Brot gegessen.

Melodie und Text: Gertrud Lorenz

Die einzelnen Tätigkeiten werden pantomisch gezeigt und gemeinsam ausgeführt:

zu 1:
Korn streuen — sich klein machen und dann groß werden = wachsen.

zu 2:
Wie mit der Sense mähen — auf das Korn einschlagen = es dreschen.

zu 3:
Einen schweren Mehlsack auf den Rücken nehmen — ihn wieder abstellen, Brot aus der einen Hand nehmen und essen.

Wir danken für die Ernte

Trauben bringen wir zu dir,
und wir danken dir dafür.
Danken für deine Gaben,
daß wir zu trinken haben.

Äpfel bringen wir zu dir,
und wir danken dir dafür.
Danken für deine Gaben,
daß wir zu essen haben.

Alles bringen wir zu dir,
und wir danken dir dafür.
Danken für deine Gaben,
daß wir zu leben haben.

Text: Rolf Krenzer, Melodie: Siegfried Fietz, aus R. Krenzer: Ich wünsche dir ein gutes Jahr, Werkbuch, LP/MC, Lahn-Verlag, Limburg und Abakus-Schallplatten, 6349 Greifenstein 2

Zu dem Lied kann jedes Kind eine Frucht, Gemüse, Salat, eine Pflanze usw. auf den Erntedanktisch legen. Dann wird jeweils die erste Zeile in der Strophe entsprechend geändert (Birnen bringen wir zu dir ... usw).
Das Lied kann auch in einem einfachen Schreit- oder Reigentanz getanzt und gesungen werden. Wir können um den Tisch mit den vielen Gaben herumschreiten, tanzen und dazu singen.

Jesus schenkt Brot zu dem Fest (Kinderabendmahlslied)

Jesus schenkt Wein zu dem Fest.
Jesus sagt: „Trinket und eßt!
Nehmt ihr das Brot und den Wein,
werde ich stets bei euch sein!"
Christus wird
mit Brot und Wein
immer bei uns sein.

Jesus lädt wieder zum Fest.
Jesus sagt: „Trinket und eßt!"
Jesus, wir folgen dir gern,
treten zum Tisch unsres Herrn.
Christus wird
mit Brot und Wein
immer bei uns sein.

Zeichen für Leben und Tod.
Er tat, was Gott ihm gebot.
Er lebt und wird immer sein!
Nehmt von dem Brot und dem Wein.
Christus wird
mit Brot und Wein
immer bei uns sein.

Jesus lädt ein zu dem Fest.
Jesus sagt: „Trinket und eßt.
Nehmt ihr das Brot und den Wein,
werde ich stets bei euch sein!“

Wie ist das mit dem Teilen? (Ein Spiel mit Material)

Wir brauchen eine lange Schnur und viele Sachen, die jeder von uns gern besitzt, zum Beispiel Spielautos, Puppen, und viele andere Spielsachen, dazu Süßigkeiten wie eingepackte Bonbons, Lutscher usw.
Alles binden wir an diese Schnur.
Nun darf ein Kind alles für sich haben. Und es wickelt die lange Schnur mit den vielen Sachen so lange um sich herum, bis es sich kaum noch rühren kann.
Und die anderen? Sie haben nichts.
Darauf läßt sich das Kind von allen langsam auswickeln. Jeder faßt an die Schnur, und jeder bekommt etwas von den Sachen, die an ihr hängen. Wenn alle die Schnur in der Hand halten, können wir einen großen Kreis bilden und zusammen tanzen. Dazu eignen sich die beiden Lieder: „Gibst du mir von deinem Apfel ab“ und das „Lied vom Überfluß“.

Lied vom Überfluß

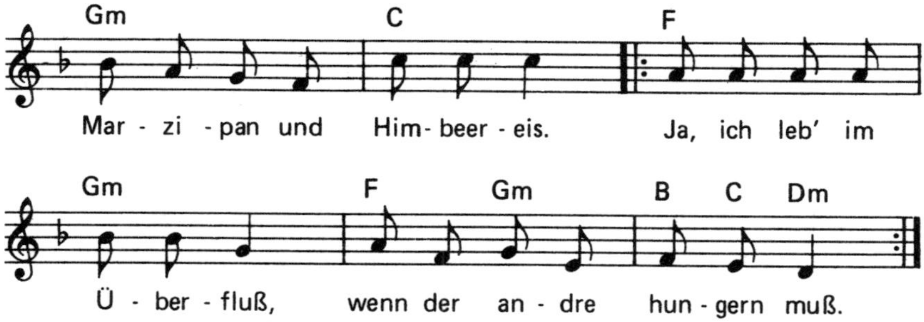

2. Fleisch, Pommes frites und Jägersoße,
Reis mit Huhn, Fleisch aus der Dose,
Nudeln, Ketchup, Apfelbrei,
frisches Brot zum Frühstücksei.
Ja, ich leb' im Überfluß,
wenn der andre hungern muß.

3. Äpfel, Pflaumen und Tomaten,
Kotelett, Schnitzel, Rinderbraten,
Sahne, Zucker zum Kaffee
und Zitrone in den Tee.
Ja, ich leb' im Überfluß,
wenn der andre hungern muß.

4. Alle können besser leben,
wenn wir teilen, wenn wir geben,
daß ein jeder etwas hat,
denn dann werden alle satt.
Und es wird mein Überfluß
überflüssig dann zum Schluß.

Text: Rolf Krenzer, Melodie: Klaus Irmer. Alle Rechte bei den Autoren

Gibst du mir von deinem Apfel ab? (Lied vom Teilen)

2. Gibst du mir von deinem Frühstück ab?

3. Gibst du mir von deinem Kuchen ab?

4. Gibst du mir von deiner Limo ab,
weil ich heute nichts zu trinken hab'...

5. Gibst du mir von deinem Spielzeug ab,
weil ich heute gar nichts bei mir hab'?
Ich denke, das verspreche ich,
beim nächstenmal an dich.
Gut zusammenleben.
Teilen, nehmen, geben.
Teilst du, was du hast, mit mir,
dann freu' ich mich mit dir.

6. Gibst du mir von deinen Stiften ab?

7. Gibst du mir von deinem Kleister ab?

usw.

Blumentanz (Ländler)

Den Blumentanz können wir auf die verschiedensten Blumenarten, auf Obst und auf alle Dinge, die Gott uns schenkt und die wir gern haben, erweitern. Dank für alles, was Gott uns täglich gibt.

2. Diesen schönen Apfel
hab ich dir mitgebracht.
Diesen Apfel schenk ich dir,
weil du mir zugelacht.
Ich schenke dir den Apfel
mit seinem Duft und Glanz
und lad dich ein und lad dich ein
zu einem Erntetanz.

Rundherum, ja rundherum,
der Erntetanz ist schön.

Text: Rolf Krenzer, Melodie: Peter Janssens, aus: Kommt alle und seid froh, 1982. Rechte beim Peter Janssens Musik Verlag, 4404 Telgte

Jeder Tänzer hat eine Blume. Einer beginnt, geht in den Kreis, zeigt seine Blume und geht auf eine Tänzerin zu und tanzt mit ihr den Blumentanz. Bei jeder weiteren Strophe kommt ein anderer Tänzer mit einer Blume hinzu. Wenn alle tanzen und die Tänzerinnen ihre Blumen haben, beginnt alles von vorn. Jetzt gehen die Tänzerinnen mit ihren Blumen los und suchen sich einen Tänzer, mit dem sie den neuen Blumentanz beginnen. Der Tanz kann auch als Erntetanz eingesetzt werden, z. B. mit Äpfeln, Birnen, Pflaumen, Tomaten.
Sogar ein Weihnachtstanz oder Adventstanz kann daraus werden: „Diesen schönen Tannenzweig hab ich dir mitgebracht“ oder „Diese schöne Kerze hab ich dir mitgebracht“.

Rollenspiele zum Erntedankfest

Sag uns, Herr Bäcker

Sag uns, Herr Bäcker, woher hast du dein Brot?

Ich habe das Brot aus Mehl gemacht.
Der Müller hat mir das Mehl gebracht.

Sag uns, Herr Müller, woher kommt dein Mehl?

Aus Körnern wurde das Mehl gemacht.
Der Bauer hat mir die Körner gebracht.

Sag uns, Herr Bauer, woher kommt dein Korn?

Ich habe Körner ausgesät,
so daß im Frühjahr die Saat aufgeht.

Und als das Korn reif war nach Wochen und Tagen,
da hat es viele Körner getragen.

Die Körner wurden zum Müller gebracht.
Der hat feines Mehl daraus gemacht.

Vom Korn zum Mehl,
vom Mehl zum Brot.
Wir essen uns satt
und danken Gott.

Der Bäcker, der Müller und der Bauer stehen mitten im Kreis. Wir fragen gemeinsam, und sie geben uns Antwort. Den letzten Vers sprechen wir alle miteinander.
Wenn wir das Spiel vortragen, kann der Bäcker ein Brot, der Müller einen Mehlsack und der Bauer einen weiteren Sack tragen. Der Bauer trägt seinen Sack zum Müller, der Müller zum Bäcker. Und der Bäcker verteilt anschließend an alle von seinem Brot.

Rolf Krenzer

Erntedank

Inhalt

Dank für die Ernte

Mitspieler

Alle, die mitspielen und mitsingen wollen.

Spieldauer

10 — 15 Minuten

Mögliche Spielform

Spiel in der Gruppe
Spiel im Gottesdienst

Kostüme und Requisiten

Bäcker, Müller mit weißen Kitteln und berufstypischen Hüten; Winzer im blauen Kittel; alle anderen Spieler in festtäglicher Kleidung.
Körbe, Früchte, die geerntet wurden, Brot, Kuchen, Brötchen usw.

Orchester

Rhythmus- oder Melodieinstrumente zur Liedbegleitung.

Lied

Seht, was wir geerntet haben

Seht, was wir geerntet haben!
Gott, wir danken dir dafür.
Und wir bringen deine Gaben.
Alles haben wir von dir.

Text: Rolf Krenzer, Melodie: russ. Kinderlied, aus: 100 einfache Lieder Religion, Verlag Ernst Kaufmann, Lahr und Kösel-Verlag, München

Praktische Vorbereitungen

In freier Form die Zwischentexte in der Gruppe erarbeiten. Die hier gewählte gereimte Form ist nur ein Angebot. In gleicher Weise läßt sich das Spiel aus spontan entstandenen Aussagen entwickeln, die zwischen das Lied geschoben werden. Die Früchte usw. können auch ganz ohne Text hereingebracht und auf den Altar gelegt werden.

Weitere Spielangebote zum Erntedankfest:
— Wir danken Gott für alles
— Das Korn wird gesät

Spieltext

1. Spieler: Wir danken Gott für alles,
was wir geerntet haben.
Zum Erntedankfest bringen wir
die allerbesten Gaben.

Alle singen: Seht, was wir geerntet haben!
Gott, wir danken dir dafür.
Und wir bringen deine Gaben.
Alles haben wir von dir.

2. Spieler: Ich bringe eine Gurke an.
Sie darf man nicht vergessen,
weil Junge, Mädchen, Frau und Mann
sie alle gerne essen.

Alle singen: Seht, was wir geerntet haben...

Die beiden ersten Spieler stellen sich links und rechts von dem Altar (Tisch) auf. Jeder Spieler, der neu hinzukommt, legt seine Gabe auf den Altar und stellt sich dann zu den anderen, so daß nach und nach ein Halbkreis entsteht.

3. Spieler: Ich schleppe hierhin huckepack
Kartoffeln, einen ganzen Sack!
Für Pommes Frites und Kartoffelbrei.
Das schmeckt! Ihr Leute, kommt herbei!

Alle singen: Seht, was wir geerntet haben...

4. Spieler: Hier, seht nur, die Tomaten
sind alle gut geraten.
Tomaten, die sind wirklich fein!
Es spritzt der Saft, beißt man hinein!

Alle singen: Seht, was wir geerntet haben...

5. Spieler: Ich brauche meine ganze Kraft
für Äpfel und für Apfelsaft,
für Apfelmus und Apfelwein.
Schaut nur in meinen Korb hinein.

Er lädt aus dem mitgebrachten Korb alles aus und stellt es auf den Tisch.

Alle singen:	Seht, was wir geerntet haben...
Müller:	Der Müller ist sogleich zur Stell. Er mahlt aus Korn das feinste Mehl.
Bäcker:	Aus Mehl habe ich Brot gebacken und Brötchen, die beim Kauen knacken. Dazu noch Plätzchen, Torten, Kuchen. Wer Lust hat, darf sie auch versuchen.
Alle singen:	Seht, was wir geerntet haben...
Winzer:	Seht, es ist kaum zu glauben: So schön sind diese Trauben. Und Traubensaft und guten Wein, das bringe ich auch mit herein.
Alle singen:	Seht, was wir geerntet haben...
Frau:	Von meinen Bäumen Obst und Nüsse! Und aus dem Garten das Gemüse. Schaut her, wie gut die Ernte war! Sagt Dank! Es war ein gutes Jahr!
Alle singen:	Seht, was wir geerntet haben...
Mann:	Aus meinem Garten vor dem Haus bringe ich einen Blumenstrauß. Für alle Blumen, die hier stehn, sage ich freudig: Dankeschön!
Alle singen:	Seht, was wir geerntet haben...

Wenn alle Spieler ihre Gaben gebracht haben, tritt der Spielleiter vor.

Spielleiter:	Vieles brachten wir heran. Schaut euch unsre Ernte an. Reichlich ist der Tisch gedeckt. Nehmt, damit es allen schmeckt!
Alle singen:	Seht, was wir geerntet haben...

Während des Liedes beginnt der Spielleiter, die Früchte zu verteilen, Brot aufzuschneiden usw. Das Austeilen der geernteten Dinge geht über den Spielkreis hinaus und bezieht alle, die sich im Raum befinden, mit ein. Jeder darf probieren.

Rolf Krenzer, aus R. Krenzer: Wir spielen Theater, Band 2, Edition Kemper im Verlag Ernst Kaufmann, Lahr

Spiel zum Erntedankfest

Zwei Spieler halten sich an den Händen und stellen ein Gartentor dar. Sie gehen langsam auseinander, so daß sich das Gartentor öffnet.

„Wir sind das Gartentor."

Ein Spieler stellt einen Apfelbaum dar.

„Ich bin ein Apfelbaum und stehe im Garten."

Der nächste Spieler stellt den Wind dar und pustet den Apfelbaum an.

„Ich bin der Wind und sause durch die Zweige."

Ein weiterer Baum kommt hinzu.

„Ich bin der Birnbaum und stehe im Garten."

Die nun auftretende Sonne hält ihre gespreizten Finger strahlenförmig um den Kopf.

„Die Sonne scheint auf die Bäume."

Ein dritter Baum kommt hinzu.

„Ich bin ein Pflaumenbaum und stehe im Garten."

Mit den Händen wird von dem nächsten Spieler das Regnen dargestellt.

„Ich bin der Regen und tropfe auf die Blätter."

Ein Kind betritt den Garten und pflückt das Obst von den Bäumen.

„Ich bin die Carmen und pflücke das Obst."

Die Mutter kommt mit einer großen Schüssel.

„Ich bin die Mutter. Komm, Carmen, wir machen einen Obstsalat!"

Carmen bringt der Mutter das Obst, das sie gepflückt hat und geht mit ihr ab.

Erzähler: Alle haben geholfen, damit wir das Obst ernten konnten:
Der Garten
Der Apfelbaum
Der Wind
Der Birnbaum
Die Sonne
Der Pflaumenbaum
Der Regen

Entweder benennt der Erzähler die einzelnen Mitspieler oder diese sagen selbst, was sie dargestellt haben.

Alle Mitspieler stellen sich im Halbkreis auf. Mutter und Carmen kommen hinzu und bringen eine große Schüssel Obstsalat mit.

Carmen: Wir wollen zusammen feiern.
Mutter: Wir danken Gott für die gute Ernte.

Mutter und Carmen beginnen, den Obstsalat auszuteilen.

Das Spiel kann völlig auf alle Requisiten verzichten. Die Bäume können aber auch entsprechende Früchte tragen, die dann von Carmen in einen Korb gelegt und der Mutter gebracht werden.

Rolf Krenzer

Erntedankspiel

Wir stehen im Kreis oder im Halbkreis, und alle spielen mit.

Wir wollen auf die Felder gehen
und uns're gute Saat aussäen.
Helft alle mit und packt mit an,
dann geht die Arbeit gut voran.

Wir tragen pantomimisch schwere Säcke voll Saatgut, gehen im Kreis herum und streuen die Körner aus. Wir können auch einen großen Sack in eine Maschine schütten, die wir mit unseren Körpern bauen. Die Maschine sät dann die Körner aus.

Die Saat geht auf und wächst heran.
Das Korn wächst immer höher dann.
Von Tag zu Tag ein bißchen mehr.
Die Ähren werden dick und schwer.

Zuerst liegen wir auf dem Boden, dann strecken wir uns langsam, wachsen und wachsen, bis wir hoch stehen. Mit unseren Händen deuten wir die Ähren an.

Der Bauer kommt und sieht sich an,
ob er das Korn bald ernten kann.

Wir legen die Hand an die Stirn und schauen umher.

Wir wollen Gott froh „danke“ sagen,
weil alle Ähren Körner tragen.

Wir bilden mit unseren Händen über dem Kopf die dicken Ähren voller Körner.

Wir wollen auf die Felder gehen
und jetzt das reife Korn abmähen.
Helft alle mit und packt mit an,
dann geht die Arbeit gut voran.

Wir können einen Mähdrescher darstellen. Wir zeigen mit beiden Händen, wie das Korn abgeschnitten wird. Dann zeigen wir mit den Fingern, wie die Körner in den Sack rieseln.

Jetzt laden wir die Säcke auf.
Der Müller wartet schon darauf.
Helft alle mit und packt mit an,
dann geht die Arbeit gut voran.

Wir binden Säcke zu und laden Sie pantomimisch auf den Wagen.

Zur Mühle wird das Korn gebracht
und weißes Mehl daraus gemacht.
Die Mühle mahlt es weiß und fein.
Füllt Mehl jetzt in die Säcke ein.

Wir können alle eine Mühle darstellen, zum Beispiel eine Windmühle. Wir können auch mit unseren Händen Mahlsteine bilden und zeigen, wie die Mahlsteine aufeinander kreisen und das Korn mahlen.
Dann schütten wir das Korn in die Säcke und binden sie wieder zu.

Jetzt müßt ihr alle mit anpacken.
Der Bäcker braucht das Mehl zum Backen.
Helft alle mit und packt mit an,
dann geht die Arbeit gut voran.

Wir laden die Säcke wieder auf den Wagen. Jetzt ist auch schon der Bäcker dran.

Er nimmt das Mehl und knetet dann
den Teig. Wenn alle mit anpacken,
dann können wir das Brot bald backen.

Der Bäcker schöpft mit der Mehlschaufel Mehl auf seinen Backtisch, mischt einen Teig, knetet ihn und formt ein Brot. Wir zeigen das alles pantomimisch. Wir können auch eine Knetmaschine darstellen.

Jetzt wird das Brot schnell aufgehoben
und in den Backofen geschoben.
Und bald ziehn wir es wieder raus.
Wie sieht das Brot so lecker aus!

Wir schieben das Brot in den Backofen und holen es nach einer Weile wieder heraus.

Wir wollen all zum Bäcker laufen
und frisches Brot zum Frühstück kaufen.
Das Brot, es macht uns alle satt.
Dankt Gott, daß jeder etwas hat.

Der Spielleiter teilt frisches Brot an alle aus, das wir uns schmecken lassen.

Die Verse des Spiels können vom Spielleiter gesprochen werden. Aber erfahrungsgemäß sprechen die Kinder sie sehr schnell mit. Wir können auch gemeinsam ein Brot backen, das dann später aufgegessen wird.

Rolf Kenzer, aus R. Krenzer: Glauben erlebbar machen, Herder Verlag, Freiburg

Spielvorschläge

Apfelbeißen

Auf einen Tisch legen wir vier Äpfel. Jeden Apfel auf eine Kante. Nun müssen sich vier Mitspieler vor diese Äpfel stellen und versuchen, sie aufzuessen. Aber Vorsicht! Die Hände müssen nämlich dabei auf den Rücken gelegt werden, und der Apfel darf nicht herunterfallen. Wer zuerst seinen Apfel aufgegessen hat, darf einen zweiten mit nach Hause nehmen.

Obst würfeln

Wir malen auf Karton oder festes Zeichenpapier verschiedene Früchte auf und zerschneiden sie in gleichgroße Felder. Jeder Mitspieler erhält seine Frucht in den Einzelteilen. Nun wird reihum gewürfelt. Wer mit dem Zahlenwürfel eine 6 oder mit dem Farbwürfel eine vorher ausgemachte Farbe würfelt, darf ein Teilstück anlegen.
Wer seine Frucht zuerst fertig hat, ist Sieger.
Die einzelnen Teile können auch numeriert werden, so daß dann zuerst das Stück mit der Zahl 1, dann mit der Zahl 2 usw. angelegt wird, bis die ganze Frucht fertig ist.

Den Erntekorb füllen

Wir schneiden aus Katalogen usw. alles aus, was wir ernten können. Wir können auch alles zeichnen und farbig ausmalen. Dazu zeichnen wir einen großen Korb. Jeder erhält nun viele Früchte. Wer mit dem Zahlenwürfel eine 1 würfelt, darf eine Frucht in den Korb legen. Wer seine Früchte zuerst alle im Korb hat, ist Sieger.

Was wir ernten

Wir sitzen im Kreis. Einer beginnt und berichtet, was er geerntet hat und in den Erntekorb legen will.
„Ich lege einen Kürbis in den Erntekorb hinein!"
Der zweite Spieler wiederholt das, was der erste genannt hat und fügt etwas Neues hinzu: „Einen Kürbis. Und ich lege eine Birne in den Erntekorb hinein!" Der dritte Spieler hat es schon schwerer: „Einen Kürbis, eine Birne. Und ich lege einen Kohlkopf in den Erntekorb hinein." So geht es immer weiter. Wenn einer einen Fehler macht, darf er wieder neu beginnen.
Die einzelnen Sachen dürfen auch mit Gesten dazu gezeigt werden. Weitausholende Gesten beim Kürbis, die Birnenform, den runden Kohlkopf usw.

Was man im Herbst erleben kann

Geschichten

Herbstnebel

Ronjas Mutter holt Ronja nachmittags immer mit dem Auto vom Kindergarten ab. Ronjas Eltern wohnen in einem kleinen Haus am Waldrand. Das ist weit vom Kindergarten entfernt. So weit, daß Ronja den Weg noch nicht alleine schafft.
Heute ist es nebelig. Das bemerkt Ronja bereits, als sie aus dem Kindergarten kommt. Aber in der Stadt bemerkt man noch nicht allzuviel davon. Nur ein bißchen Nebel ist überall.
Als sie dann aber die Straßen mit den vielen Geschäften und hellen Schaufenstern verlassen, wird der Nebel immer dichter. Ronjas Mutter fährt ganz langsam und vorsichtig. Sie hat sogar die Nebelscheinwerfer eingeschaltet.
Ronja ist schon so oft mit ihrer Mutter hier entlang gefahren. Aber heute ist der Nebel so dicht, daß sie nichts wiedererkennt. Von den Häusern und Bäumen auf beiden Seiten der Straße ist nichts zu sehen. Alles ist in Nebel getaucht. Nur die roten Rückleuchten des Autos vor ihnen, die kann Ronja ganz deutlich erkennen.
„Sind wir bald zu Hause?“ fragt Ronja ein bißchen ängstlich.
Die Mutter nickt. „Nicht mehr lange!“ sagt sie. Aber dann muß sie sich wieder ganz auf die Straße konzentrieren. Es fährt sich im Nebel nicht gut.
Plötzlich hält die Mutter an. Der Wagen vor ihnen fährt weiter.
„Wir sind zu Hause!“ sagt die Mutter.
Ronja kann es nicht glauben. Sie erkennt nichts, aber auch überhaupt nichts wieder. Sie sieht nicht den Gartenzaun vor ihrem Haus, nicht den dicken Pflaumenbaum, nicht die Einfahrt und das Haus überhaupt nicht.
Auch ihre Mutter ist etwas ratlos. Schließlich sagt sie: „Am besten ist es, wenn du aussteigst und vor mir her in die Einfahrt hineingehst. Dann kann ich ganz vorsichtig hinter dir her zur Garage fahren.“
Zuerst zögert Ronja. Es ist draußen so unheimlich. Doch die Mutter macht ihr Mut. „Ich bin ja ganz nahe bei dir!“ sagt sie. „Aber ohne deine Hilfe finde ich die Einfahrt nicht!“
Da steigt Ronja endlich aus.
Seltsam, draußen ist alles klamm und feucht. Wie eine weiße undurchsichtige Wand ist der Nebel um sie herum. Aber Ronja kann mitten durch diese Nebelwand hindurchgehen. Ganz vorsichtig setzt sie einen Schritt vor den anderen. Dann erkennt sie plötzlich den Pfosten neben sich. Es ist derselbe Pfosten, auf dem sie heute morgen noch gesessen und gewartet hat, bis ihre Mutter das Auto aus der Garage geholt hat. Jeden Morgen sitzt sie auf diesem Pfosten und wartet auf ihre Mutter. Doch selbst der vertraute Pfosten sieht jetzt im Nebel wie ein Zauberstein aus, fremd und verzaubert.

Ronja winkt ihrer Mutter zu, und Mutter fährt ganz langsam an. Dann geht Ronja mit vorsichtigen Schritten weiter in die Einfahrt hinein auf die Garage zu. Wenn sie nicht genau wüßte, wo die Garage ist, würde sie sie nicht finden. Jetzt endlich kann sie das geöffnete Tor der Garage erkennen. Sie wendet sich um und winkt ihrer Mutter wieder zu.
Ganz langsam nähert sich der Wagen der Garage. Jetzt nickt die Mutter. Sie sieht jetzt auch das geöffnete Tor.
Da geht Ronja zur Seite und wartet, bis ihre Mutter in die Garage hineingefahren ist.
„Ist das ein Nebel!" sagt die Mutter, als beide Hand in Hand zur Haustür gehen. „Hoffentlich kommt Papa bald! Ich bin so unruhig, wenn er im Nebel noch mit dem Auto unterwegs ist. Es kann so viel passieren!"
Ronja wartet hinter der Fensterscheibe des Wohnzimmers. Sie schaut in den Nebel hinaus und ist erst richtig froh, als Vaters Auto vor der Einfahrt anhält. Sie will hinauslaufen, um auch ihm den Weg zu zeigen. Aber ihre Mutter ist längst draußen beim Vater.
„Wir haben uns schon Sorgen gemacht!" hört Ronja ihre Mutter rufen.
Das ist wahr, denkt Ronja und läuft auch ganz schnell nach draußen, um ihren Vater zu begrüßen.

Rolf Krenzer

Die Regenschirmgeschichte

Manchmal schenkt uns der Herbst wunderschöne Tage. Dann scheint die Sonne warm vom blauen Himmel herunter, und alle Leute freuen sich. Manchmal ist es an einem schönen Herbsttag noch schöner als im Sommer.
Aber oft bringt der Herbst auch Nebel mit. Dann ist der Nebel so dicht, daß man kaum noch die Häuser auf der anderen Straßenseite erkennen kann. Die Autofahrer haben es dann schwer. Sie müssen besonders gut aufpassen und langsam und vorsichtig fahren.
Und manchmal gibt es Regen. Soviel Regen, daß man glaubt, er würde gar nicht mehr aufhören.
An einem solchen Regentag mußte Frau Silbermann ausgerechnet aus dem Haus. Sie mußte noch einkaufen, denn zum Mittagessen sollte es Nudeln mit Tomatensoße geben, und sie hatte keine Nudeln mehr zu Hause.
Da nahm sich Frau Silbermann ihren Schirm und kämpfte sich durch den Regen hindurch.
Sie hielt den Schirm so dicht vor sich, daß sie kaum etwas sehen konnte. Aber das war nötig, denn der Regen packte sie von vorn und hätte alles naß gespritzt, wenn nicht der Schirm sie geschützt hätte.
Dann kam plötzlich der Regen von rechts. So hielt Frau Silbermann ihm den Schirm nach rechts entgegen. Dann kam der Regen von hinten. Aber Frau Silbermann nahm auch den Schirm sogleich hinter sich, und kein Regen konnte ihrem Haar und ihrer Jacke etwas anhaben. Als der Regen wieder von vorn kam, hielt Frau Silbermann flugs den Schirm wieder nach vorn.

Und dann gab es plötzlich einen ganz schrecklichen Stoß. Frau Silbermann wäre fast umgefallen. Das konnte der Regen nicht sein. Frau Silbermann hielt ihren Schirm ganz fest. Dann hob sie ihn vorsichtig hoch. Und dann sah sie einen anderen Schirm genau vor sich. Und im gleichen Moment wurde auch dieser Schirm etwas hochgehoben, so daß Frau Silbermann erkennen konnte, wer unter diesem Schirm war.
„Frau Goldmann!" rief sie. „Wie kommen sie denn hierhin?"
Frau Goldmann wischte sich die Regentropfen vom Gesicht. „Frau Silbermann!" sagte sie. „Wollten Sie mich mit ihrem Schirm umwerfen?"
„Man sieht einfach nichts!" lachte Frau Silbermann.
„Ja", nickte Frau Goldmann, „ein Mistwetter!"
„Aber trotzdem lustig!" meinte Frau Silbermann. „Wenn es nicht so geregnet hätte, wären wir uns jetzt nicht so nah gekommen!" Und sie mußte wieder ein bißchen lachen.
Und auch Frau Goldmann lachte, denn in diesem Augenblick hatte der Regen wirklich etwas nachgelassen, so daß beide ihre Schirme bequem über sich halten konnten.
Und dann hatten sie wirklich noch genügend Zeit für ein Schwätzchen. Aber plötzlich setzte wieder der Sturm ein und jagte die Regentropfen vor sich her. Da mußten Frau Silbermann und Frau Goldmann ihre Schirme wieder nach vorn und hinter sich halten. So verabschiedeten sie sich ganz schnell und gingen nach beiden Seiten davon. Frau Silbermann trug ihren Schirm vor sich und kämpfte sich vorwärts. Frau Goldmann trug ihn hinter sich und wurde vom Regen richtig vorwärts geschoben.

Rolf Krenzer

Der Hahn und der Wind

Vor langer, langer Zeit verlor der Wind einen seiner sieben Söhne. Darüber war er so traurig, daß er sieben Jahre lang nicht mehr blies. Und da kein winziger Windhauch zu spüren war, verbreitete sich nach und nach ein riesiges Spinnennetz über die ganze Erde. Die Seen erstarrten und die Kinder hatten zu leiden, weil sie sich nicht mehr erfrischen konnten.
Viele versuchten, den Wind zu trösten, aber keinem gelang es. Aber einmal sprach der Hahn zu dem Wind: „Ich kann dich nicht verstehen. Jeden Tag kommen viele Küken zur Welt, deren Vater ich bin. Aber kaum sind sie geboren, hui, ist nichts mehr von ihnen zu sehen. Schau mich an! Ich bin trotzdem zufrieden und glücklich! Kikeriki, ja, glücklich!"
Als der Wind den Hahn so reden hörte, mußte er lachen.
Durch sein Lachen aber wurden die Blätter der Bäume bewegt, und sie begannen sogleich wieder zu rauschen. Das Spinnennetz brach auseinander, und die Menschen und Tiere atmeten auf.
Und der Wind? Er blies jetzt wieder so wie vorher, und genau so bläst er noch heute.

Ein Märchen aus Polen, neu erzählt von Rolf Krenzer

Das Märchen vom Herbstwind und seiner Großmutter

Wenn du es nachts um das Haus herum wild heulen und wehen hörst, dann fegt der Herbstwind über das Land. Er rüttelt an den Fensterläden und schüttelt die Bäume. Am schlimmsten treibt er es aber mit seiner Großmutter.
Ach so, du wußtest noch gar nicht, daß der Herbstwind eine Großmutter hat. Du hast sie noch nie gesehen.
Ich habe sie auch noch nie gesehen, weil man sie nur spät abends und nachts sehen kann. Dann jagt der Herbstwind nämlich seine Großmutter so wild durch den Wald und über die Felder, daß sich ihr Haarschopf auflöst. Dann flattert ihr weißes Haar wild um ihren Kopf herum nach allen Seiten.
Aber am nächsten Morgen kannst du ganz deutlich sehen, wo der Herbstwind seine Großmutter durch den Wald gejagt hat. Im Sonnenlicht nämlich siehst du ganz viele weiße zarte Haare an den Sträuchern und Bäumen. Sie stammen von seiner Großmutter. Sie hat sie verloren, als der Herbstwind so stürmisch hinter ihr her jagte. Und sie sind an den Sträuchern hängen geblieben.
Natürlich behauptet der Herbstwind, daß das alles nicht wahr ist. Er sagt, daß die Elfen während der ganzen Nacht herumgetanzt sind. Und als heute morgen die Sonne aufging, da wären sie ganz schnell davongehuscht, damit kein Mensch sie sehen könnte. Die Elfen wären aber mit ihren hauchdünnen Kleidern an den Sträuchern und Bäumen hängen geblieben. Sie hätten sich losgerissen. Und die zarten feinen Haare seien nichts anderes als ganz zarte Fäden aus den Kleidern der Elfen.
Der Herbstwind heult und schreit, er tobt und brüllt: „Ich habe gar keine Großmutter. Deshalb kann sie auch überhaupt kein Haar verloren haben!“ Und er rüttelt an den Fensterläden und schüttelt die Bäume.
Natürlich wissen alle Leute, daß die seidigen zarten Fäden von winzigen Spinnen stammen, die mit ihnen durch die Luft segeln. Aber das Märchen von der alten Großmutter des Herbstwindes ist eigentlich genauso schön. Deshalb werden die warmen und sonnigen Tage im September, an denen man die silbernen und seidigen Haare des alten Weibes sehen kann, auch „Altweibersommer“ genannt.

Neu erzählt von Rolf Krenzer

Jetzt fliegen sie bald wieder fort

„Hast du die Schwalben auf dem Dach von Reils gesehen?“ fragt Mutter, als Sylvia aus dem Kindergarten nach Hause kommt.
Sylvia nickt. „Sie haben sich alle auf das Dach gesetzt. Ich wollte sie zählen, aber es waren zu viele!“
Die Mutter lacht. „Das ist eine richtige Reisegesellschaft!“ sagt sie. „Im Frühling kommen sie zu uns, wenn es hier warm wird. Dann bleiben sie bis zum Herbst. Und dann reisen sie alle zusammen in den Süden.“

„So wie Oma und Opa, die im Winter immer für ein paar Wochen nach Gran Canaria fliegen, weil es dort warm ist?"
„Ja, so ähnlich!" meint die Mutter. „Sie fliegen nur noch weiter. Bis nach Afrika."
„Und warum fliegen sie alle zuerst auf Reils Dach?" fragt Sylvia.
„Dort sammeln sie sich zunächst. Und dann fliegen sie alle zusammen los. Wenn sie zusammen fliegen, ist der Flug für alle sicherer."
„Sie sollen hier bleiben!" sagt Sylvia und ist ein bißchen traurig, weil sie die Schwalben so gern hat.
Die Mutter schüttelt den Kopf. „Wenn es bei uns Winter wird, finden sie hier kein Futter mehr. In Afrika gibt es aber genügend Mücken und andere Insekten für sie."
„Es bleiben aber doch auch Vögel im Winter hier!" meint Sylvia und erinnert sich an den letzten Winter. Schließlich hat sie jeden Tag die Vögel im Futterhäuschen auf dem Balkon gefüttert. Sie hat ihnen sogar zugesehen, wenn sie die ausgestreuten Körner aufpickten.
„Ja, die Vögel, die viele Körner fressen, bleiben hier", erklärte ihr die Mutter. „Aber im Winter gibt es bei uns keine Mücken. Und die Schwalben brauchen nun mal Insekten zum Leben. Deshalb können sie hier nicht überwintern."
„Ich will schnell noch mal nachschauen, ob sie noch auf Reils Dach sitzen!" ruft Sylvia und rennt nach draußen. Traurig kommt sie zurück. „Sie sind schon weggeflogen!" sagt sie.
„Im Frühling kommen sie ja wieder!" sagt die Mutter. „Du wirst sehen, Ende April sind zwei Schwalben wieder in ihrem Nest, das sie sich unter unserer Dachrinne gebaut haben. Und dann werden sie auch bald wieder in das Nest ihre Eier legen. Und wie in diesem jahr werden wir wieder die jungen Schwalben piepsen hören."
„Wann ist das?" fragt Sylvia.
„Ende April!" sagt die Mutter. „Nächstes Jahr!"
Sylvia denkt nach. Dann sagt sie: „Dann kommt vorher noch Martinstag und Nikolaus und Weihnachten und Neujahr. Das ist aber lange!"
„Vorher kommt noch Fastnacht und dein Geburtstag!" fügt die Mutter hinzu. „Wenn sie wiederkommen, bist du wieder ein Stück älter geworden! So geht es Jahr für Jahr!"
„Du aber auch!" sagt Sylvia und schmunzelt.

Rolf Krenzer

Herrn Hoffmanns Hut

An einem stürmischen Sonntag im Herbst ging Herr Hoffmann mit seiner Frau spazieren.
„Frische Luft tut immer gut!" hatte Herr Hoffmann gesagt. So war es trotz des Windes ein schöner Spaziergang geworden.
Als sie aber kurz vor ihrem Gartentürchen waren, riß ein besonders starker Windstoß Herrn Hoffmann den Hut vom Kopf.
„Haltet ihn! Haltet ihn!" rief Herr Hoffmann und rannte hinter seinem Hut

her. Der Hut wurde von dem Wind über den Zaun in Hoffmanns Garten geblasen. Frau Hoffmann öffnete schnell die Gartentür, doch der Hut flog schon weiter. Herr und Frau Hoffmann liefen hinter dem Hut her. Fast hätte Frau Hoffmann ihn erwischt, da war er schon wieder weg. Sie rannten und rannten, aber der Hut war schneller.
Zuletzt sahen sie ihn überhaupt nicht mehr. Sie suchten überall im Garten. Doch der Hut blieb verschwunden.
„Dann muß ich mir eben einen neuen Hut kaufen!" meinte Herr Hoffmann und gab endlich die Suche auf. Aber seltsam kam ihm die Sache doch vor.
Der Herbst ging vorbei, und der Winter kam. Nach Weihnachten kam Neujahr, nach Neujahr Fasching. Endlich zog der Frühling in das Land.
Einmal war es so warm, daß Herr und Frau Hoffmann im Garten ihren Kaffee trinken konnten.
Plötzlich schrie Frau Hoffmann auf und zeigte auf den großen Baum neben dem Haus. „Schau doch einmal, Herbert!" rief sie. „Schau einmal zu dem rechten dritten Ast!"
Herr Hoffmann schaute und entdeckte ein Vogelnest.
„In dem Baum nisten doch oft Vögel!" meinte er.
Aber Frau Hoffmann rief: „Schau einmal ganz genau!"
Da sah Herr Hoffmann, daß das Vogelnest gar kein richtiges Vogelnest war.
Es war sein Hut, der ihm im Herbst fortgeflogen war.
Ein Vogelpärchen hatte den Hut als Nest verwendet. Jetzt zog es dort seine Jungen auf. Herr Hoffmann lachte, daß ihm der Bauch wackelte. Dann lief er ins Haus hinein und holte seinen Fotoapparat.

Rolf Krenzer, aus R. Krenzer: Zweiundfünfzig Sonntagsgeschichten, Reha-Verlag, Bonn-Bad Godesberg. Rechte beim Autor.

Der Drachenbrief

Im Herbst hatte der Vater mit seinen Kindern einen großen Drachen gebaut. Auf dem Feld ließen sie ihn steigen.
Es war ein wunderschöner Drachen. Er lachte lustig und hatte Ohren und einen langen Schwanz. Die Leute, die vorüberkamen, blieben stehen und schauten in die Luft. Der Drachen stand ganz hoch am Himmel. Sein bunter Schwanz flatterte im Wind.
„Wollen wir ihm einen Brief hinaufschicken?" fragte der Vater.
Mario fand in seiner Hosentasche ein Stück Papier.
Der Vater drückte mit dem Daumen mitten in das Papier ein Loch hinein und sagte: „Wir stecken den Brief auf das Drachenseil. Paßt auf, dann steigt er von selbst zu ihm hinauf!"
Die Kinder wollten es nicht glauben.
Doch der Vater sagte sicher: „Das haben wir früher auch immer so gemacht. Früher, als ich so alt war wie ihr!"
„Dann will ich dem Drachen aber auch einen Gruß schreiben!" rief Tini und suchte nach einem Kugelschreiber in ihrer Jacke.

Mario mußte sich bücken. Tini legte den Brief auf seinen Rücken und schrieb:

„Lieber Drachen!
Wie geht es Dir dort oben?
Herzliche Grüße
Tini und Mario

Sie gaben dem Vater den Brief. Er steckte ihn auf das Drachenseil. Und wirklich! Ganz langsam stieg der Brief an dem Seil nach oben. Immer höher und höher. Der Brief wurde immer kleiner. Fast war er nicht mehr zu sehen.
„Jetzt wird unser Drachen den Brief lesen!“ sagte der Vater und lachte.
Aber dann geschah etwas ganz Seltsames. Mario entdeckte es zuerst: Der Brief kam langsam wieder an dem Drachenseil herunter.
„Das gibt es doch nicht!“ rief der Vater erstaunt.
Jetzt war der Brief schon ganz nah. Mario griff nach ihm und riß ihn vom Seil. Ja, es war der Brief, den die Kinder hinaufgeschickt hatten. Aber auf der Rückseite des Papiers stand:

Liebe Tini, lieber Mario!
Mir geht es gut hier oben!
Herzliche Grüße
Euer Drachen.

„Das gibt es doch nicht!“ rief der Vater und kratzte sich am Kopf. Er schaute ganz mißtrauisch zu dem Drachen hinauf.
Doch der stand ganz ruhig hoch am Himmel. Sein bunter Schwanz flatterte im Wind.

Herbstliche Geschichten, die die Eltern unserer Großeltern, unsere Urgroßeltern, hörten, als sie Kinder waren

Wie bereits in den beiden Bänden „Weihnachten im Kindergarten“ und „Die Osterzeit im Kindergarten“ (beide Edition Kemper im Verlag Ernst Kaufmann) werden auch hier wieder einige alte Texte angeboten, die leider nur noch selten zu finden sind. Sie machen deutlich, daß das Geschehen im Verlauf eines Jahres schon immer beobachtet und weitervermittelt wurde. Aber auch Traditionen werden darin aufgegriffen und an die Kinder weitergegeben. Traditionen, die in unserer schnellebigen Zeit gar zu leicht in Vergessenheit zu geraten drohen.
Die Texte sind geringfügig gekürzt und durch kleine Änderungen der Sprache unserer Zeit angepaßt, um den Kindern einen leichteren Zugang zu den Geschichten zu ermöglichen. Besser wäre es noch, die Texte als Vorlage zu nehmen und dann frei zu erzählen.

Herbst

Da steigt der Herbst frisch von den Bergen nieder! Und wie er wandert durch den grünen Wald, gefällt's ihm nicht, daß überall das Laub dieselbe Farbe hat; er sagt: „Viel hübscher ist's rot und gelb, das sieht sich lustig an!"
So spricht er, und gleich färbt der Wald sich bunt; und wie der Herbst drauf durch den Garten geht und durch den Weinberg, spricht er: „Was ist das? Der Sommer tat so groß mit seiner Hitze, und Wein und Obst hat er nicht reif gemacht? Schon gut, so zeig ich, daß ich's auch versteh!"
Und kaum gesagt, so haucht er Wein und Obst mit seinem Atem an, und siehe da: Die Äpfel und die Pflaumen und die Trauben, zusehends reifen sie voll Duft und Saft.
Drauf kommt der Herbst zur Stadt und sieht die Kinder. Da ruft er ihnen zu: „Grüß Gott, ihr Kinder! Kommt zu mir aufs Land! Ich hab dem Wald sein Laub schön bunt geblasen, ich hab dem Apfel rot gefärbt die Backen, ich will euch klar und blank die Augen wehen, und eure Backen will ich tüchtig bräunen, wie sich's für Kinder schickt. Versteht ihr mich?"
So spricht der Herbst, und jubelnd ziehn die Kinder auf seinen Ruf durch Berg und Wald und Feld und kehren heim mit neuer Lust zur Arbeit.

Robert Reinick, Märchen-, Lieder- und Geschichtenbuch, Bielefeld 1905

Die Zugvögel

Fast alle die lieben Sänger, die uns im Frühling und Sommer den Garten beleben, ziehen fort von uns, wenn der Herbst kommt, wenn die Blätter auf den Bäumen gelb und rot werden und dann ein Blatt nach dem andern herniederfällt auf die Erde. Manche ziehen allein, manche paarweise, manche in großen Scharen.
Sie können den kalten Winter nicht ertragen, ihr Federkleid ist zu sommerlich und leicht; sie würden ja erfrieren, und wo sollten sie auch unter Eis und Schnee all die Beeren und Raupen und Würmer und Körner finden, von denen sie leben? Wenn der Morgen kommt, wollen sie doch essen, und mittags auch, und Abendbrot wollen sie auch gern haben, auch wohl noch ein kleines viertes Mahl dazwischen. Woher sollten sie das bekommen?
Ziehen die Wolken vor den rauhen Winden dahin, als flögen sie, so ziehen auch die meisten Vögel fort, fort nach Süden in wärmere Länder, wo der liebe Gott ihnen schon wieder den Tisch gedeckt hat; sie ziehen über Berg und Tal, über Bäche und Ströme, selbst über das Meer dahin, tausend Stunden, zweitausend Stunden weit.
Niemand zeigt ihnen den Weg, sie wissen ihn schon selbst zu finden. Aber ehe sie ihren Weg antreten, hoch in der Luft oder niedriger über die Stoppelfelder dahin, sind sie nicht fröhlich; sie flattern umher, sie sammeln sich, Männchen und Weibchen, Brüder und Schwestern, Verwandte und Freunde; alle schweben dann noch einmal rings um die Gärten und Häuser — und husch, geht es fort.

Schwalben, Nachtigallen und Grasmücken, Stieglitze und Rotkehlchen, Bachstelzen und Rotschwänzchen, Goldhähnchen und Waldtauben — alle ziehen fort in ferne Länder. Unterwegs begegnet wohl manchen ein Unglück, aber die meisten kommen glücklich ans Ziel.
Und wenn nun die Sonne auch bei uns wieder wärmer scheint, da kommen sie wieder, weit, weit her zu uns. Die Schwalbe findet ihr Nest wieder am Dach und die Nachtigall das Gebüsch, in welchem sie vor einem Jahre sang. Alle finden den Ort wieder, wo sie im letzten Jahr fröhlich waren, und beginnen von neuem die schönen, lieblichen Lieder.
Das ist sehr wunderbar, und kein Mensch kann erfahren, wie's zugeht. Wenn die Vögel sprechen könnten, so würden sie's wohl sagen.

Ferdinand Hoffmann, Nassauisches Lesebuch

Sommerfäden

Die kleinen Spinnen haben den ganzen Sommer hindurch auf der Wiese gewohnt. Sie haben viele von den Mücken gefangen. Im Winter wird die Wiese vom Flusse überschwemmt, und was von kleinem Getier nicht im Wasser zu leben vermag, muß ertrinken.
Der kleinen Spinne ergeht's am Ende des Sommers gerade wie den Zugvögeln, die Reiselust überkommt sie. Zu Fuß würde sie aber nimmer weit kommen; schon am nächsten Wassergraben müßte sie Halt machen.
Die kleine Spinne weiß sich aber zu helfen. Sie achtet auf Wetter und Wind wie ein erfahrener Schiffsführer. „Heute ist schöner Sonnenschein!" meint sie, „heute ist günstiger Wind, nicht zu schwach und nicht zu stark; jetzt kann die Reise angehen!"
Sie klettert flink hinauf auf den Erlenbusch und steigt bis zum äußersten Ende eines Zweiges. Dort stellt sie sich auf den Kopf und streckt den Leib mit den Spinnwarzen in die Höhe. Sie spinnt einen langen Faden, läßt ihn im Winde dahintreiben, lang und immer länger. Der Wind trägt den Faden und zieht gewaltig daran. Jetzt kann ihn die Spinne nicht mehr halten; sie läßt mit den Füßen den Zweig los und segelt mit dem Faden davon wie ein Luftschiffer in seinem Ballon.
Auf dem fliegenden Faden in der Luft spaziert sie hin und her. Der Faden steigt höher und fliegt weiter, über die Wassergräben der Wiesen und über den Fluß, über die Büsche und Bäume, über die Häuser der Stadt, ja selbst über den Kirchtum. Die Kinder sehen das Luftschiffchen der Spinne ziehen und rufen: „Sieh, sieh, welch langer Sommerfaden!"
Endlich ist es der Spinne weit genug. Sie will Halt machen. Wie fängt sie es aber an, um mit ihrem Schiffe hinab zur Erde zu kommen? Auch hier weiß sie Rat, so klein sie ist. Sie faßt den fliegenden weißen Faden mit den flinken Beinen und wickelt ihn allmählich zu einem Knäuel zusammen. Je mehr sie ihn einzieht und aufwickelt, desto weniger vermag der Wind ihn zu tragen. Er sinkt allmählich zu Boden.
Hier sucht sich die Spinne ein Plätzchen, an welchem sie ohne Schaden

Winterquartier nehmen kann. Findet sie keine passende Stelle, so spinnt sie am nächsten hübschen Tage sich abermals ein luftiges Luftschiff und reist wiederum weiter. Lenken und Steuern kann sie ihr Fahrzeug freilich nicht, es treibt mit dem Winde. Sie überläßt es dem lieben Gott, der auch für die kleinste Spinne väterlich sorgt.

Hermann Wagner, Herzblättchens Naturgeschichte, Glogau

Der Blättertanz

An einem hellen Herbsttag schien die Sonne recht warm auf die Ahornblätter, die sich bereits rot gefärbt hatten. Wie sie nun von den goldnen Strahlen getroffen wurden, fingen sie an, ganz leise zu kichern, und wurden lustig und plauderten viel von dem Abend, an dem sie Tanz halten wollten. Ein leiser Windhauch strich jetzt durch die Bäume, und nun gab's ein reges Leben in allen Zweigen. Nicht nur die großen, schön gezackten Ahornblätter, auch die herzförmigen Lindenblätter, die schlanken Weidenblätter und die feinen Birkenblättlein schwenkten sich im Gedanken an den nächsten Abend lustig hin und her.

„Still, still, Kinder!" rief ein großes, goldgelbes Ahornblatt, „ich höre die alte Fichte knarren, die den Tanz nicht leiden kann und die auf ihre häßlichen grünen Nadeln so stolz ist."

Ein Weilchen war es still, ganz still; bald aber ging das Flüstern und Plaudern wieder an. Die Ahornblätter schielten nach den Birkenblättchen und lobten sie als die flinksten Tänzerinnen; nur meinten sie, die Buchenblätter sähen viel schöner aus und hätten rote Adern, leider aber wären sie ein wenig dickpumpelig.

„Ich lobe mir die Weidenblätter", sagte ein klein gebliebenes Ahornblatt, „die haben die schlankeste Gestalt!"

Die Fichte knarrte wieder, sie dachte für sich: „Törichtes Volk, freut sich auf den Tanz und weiß nicht, daß es den Kehraus tanzen muß."

Die Sonne wurde nach und nach schläfrig und legte sich endlich schlafen.

„Gute Nacht", rief ihr der Wind zu und schwang lustig seine Flügel und pfiff sich ein Abendlied dazu. Indem er pfiff, wuchs er und wurde immer stärker und fuhr durch die Kronen der Bäume und schüttelte sie hin und her.

Da bekamen die Blätter neues Leben, und husch, flogen die schönsten golden, rot und gelb gefleckten von den Zweigen und schwirrten auf die grüne Wiese, und der lustige Tanz ging los; der Wind spielte auf, und die Blätter drehten sich schneller und schneller. Die großen Ahornblätter und die schwerfälligen Buchenblätter verloren den Atem; aber den Birken- und Weidenblättern war kein Dreher zu schnell. Die Fichte sah dem Treiben zu und warf nur dann und wann einige abgenutzte, braune Nadeln wie mahnend und warnend unter das ausgelassene Völkchen.

Endlich hatte der Wind das Blasen satt und legte sich am Berge schlafen. Die Blätter wollten sich erheben und wieder auf ihre Zweige fliegen; aber mit dem Fliegen war es vorbei, sie lagen wie gelähmt auf der Wiese.

Als am andern Morgen die Sonne wieder schien, wollte sie die Blätter auf der Wiese wecken, wie sie die Blätter an den Zweigen geweckt; aber die Blätter auf der Wiese erwachten nicht mehr, sie waren erstarrt und tot, ganz tot. Die Fichte knarrte: „Nun kommt der Kehraus."
Und der Kehraus kam. Ein frischer Morgenwind kehrte die Blätter in den nahen Bach, und der Bach trug sie ins Meer, in das große, tiefe Grab.

Julius Sturm, Das Buch für meine Kinder, Leipzig 1880

Reime, Verse und Gedichte

Der Kirschbaum hat sein Laub verlorn

Der Kirschbaum hat sein Laub verlorn,
wer will dafür sorgen?
Das soll die liebe Anna tun,
wir wünschen ihr guten Morgen.
Guten Morgen, guten Morgen.

Das ist der Daumen

Das ist der Daumen,
Der schüttelt die Pflaumen,
Der liest sie auf,
Der ißt sie,
Und der sagt:
Wart, ich will's der Mutter sagen.

Alle 5 Finger werden gezeigt.

Es sitzen zwei Tauben auf einem Dach

Es sitzen zwei Tauben auf einem Dach,
Die eine flog weg,
Die andre flog weg,
Die eine kam wieder,
Die andre kam wieder,
Da saßen sie alle beide wieder.

Die beiden Zeigefinger werden ausgestreckt und gekrümmt.

Der Müller tut mahlen

Der Müller tut mahlen,
das Rädle geht um,
mein Kind ist erzürnet,
weiß selbst nicht warum.

Ich will dir was erzählen

Ich will dir was erzählen
von der alten Mählen,
wenn sie keine Kartoffeln hat,
kann sie keine schälen.

Es war einmal ein Würmchen

Es war einmal ein Würmchen,
das klettert auf ein Türmchen,
da kam ein Stürmchen,
da flog das Würmchen
vom Türmchen.

Der Herr, der schickt den Jockel aus

Der Herr, der schickt den Jockel aus,
er soll den Hafer schneiden.
Der Jockel schneidt den Hafer nicht
und kommt auch nicht nach Haus.

Da schickt der Herr den Pudel aus,
er soll den Jockel beißen.
Der Pudel beißt den Jockel nicht,
der Jockel schneidt den Hafer nicht
und kommt auch nicht nach Haus.

Da schickt der Herr den Prügel aus,
er soll den Pudel schlagen.
Der Prügel schlägt den Pudel nicht,
der Pudel beißt den Jockel nicht,
der Jockel schneidt den Hafer nicht
und kommt auch nicht nach Haus.

Da schickt der Herr das Feuer aus,
es soll den Prügel brennen.
Das Feuer brennt den Prügel nicht,
der Prügel schlägt den Pudel nicht,
der Pudel beißt den Jockel nicht,
der Jockel schneidt den Hafer nicht
und kommt auch nicht nach Haus.

Da schickt der Herr das Wasser aus,
es soll das Feuer löschen.
Das Wasser löscht das Feuer nicht,
das Feuer brennt den Prügel nicht,
der Prügel schlägt den Pudel nicht,
der Pudel beißt den Jockel nicht,
der Jockel schneidt den Hafer nicht
und kommt auch nicht nach Haus.

Da schickt der Herr den Ochsen aus,
er soll das Wasser saufen.
Der Ochse säuft das Wasser nicht,
das Wasser löscht das Feuer nicht,
das Feuer brennt den Prügel nicht,
der Prügel schlägt den Pudel nicht,
der Pudel beißt den Jockel nicht,
der Jockel schneidt den Hafer nicht
und kommt auch nicht nach Haus.

Da geht der Herr nun selbst hinaus
und macht gar bald ein End daraus.
Der Ochse säuft das Wasser nun,
das Wasser löscht das Feuer nun,
das Feuer brennt den Prügel nun,
der Prügel schlägt den Pudel nun,
der Pudel beißt den Jockel nun,
der Jockel schneidt den Hafer nun
und kommt auch gleich nach Haus.

Wir dreschen, wir dreschen

Wir dreschen, wir dreschen,
wir dreschen das Korn,
und sind wir zu Ende,
beginnen wir vorn.

Die Pflaumen sind reif

Die Pflaumen sind reif,
Die Mädchen sind steif,
Die Jungen sind stolz,
Die fahren ins Holz,
Da kippelt der Karren,
Da lachen die Narren,
Da geigt die Maus,
Da tanzt die Laus,
Da huppt der Floh
Zum Fenster 'naus.

Als ich einmal Müller war

Als ich einmal Müller war,
zwei schöne Mühlen kauft ich mir,
zwei schöne Mühlchen und ein'n Stein,
daß ich kann mahlen grob und fein.

Händchen gegeneinander reiben.

Die Windmühle braucht Wind

Die Windmühle braucht
Wind, Wind, Wind,
sonst geht sie nicht
geschwind, schwind, schwind.
Aus Korn wird Mehl,
aus Mehl wird Brot,
und Brot tut allen Menschen not;
drum braucht die Mühle
Wind, Wind, Wind,
sonst geht sie nicht
geschwi-i-i-i-i-ind.

Schuck, schuck, schuck, der Wind geht kalt

Schuck, schuck, schuck,
der Wind geht kalt,
Bauer, flick deine Hosen bald;
wenn die Hosen zerrissen sein,
bläst der Wind zum Loch hinein.

Nebel, Nebel

Nebel, Nebel,
schwing dich auf den Gebel,
schwing dich auf zur Himmelstür,
laß die liebe Sonn herfür.

Es regnet a weng

Es regnet a weng,
es schneit a weng,
es weht ein kalter Wind.
Da kommt die Frau Bas
mit ihrer langen Nas
und sagt, das war ka Sünd.

Vorigen Handschuh verlor ich meinen Herbst

Vorigen Handschuh verlor ich meinen Herbst,
da ging ich finden, bis daß ich ihn suchte.
Da kam ich an eine Guckte und schlucht hinein,
da saßen drei Stühle auf drei großen Herrn,
da nahm ich meinen guten Tag
und sagte: „Guten Hut, meine Herrn,
da bring ich drei Paar Strümpfe
auf drei Pfund Garn,
sie sollen morgen fertig werden,
daß ich sie heut noch anziehen kann."

alle Volksgut

Dort oben auf dem Baume

Dort oben auf dem Baume,
Gebt acht!
Da sitzt versteckt die Pflaume
und lacht.
Nun stellt euch alle unter
den Baum und rüttelt munter
und schüttelt sie herunter,
daß's kracht!

Volksgut

Ich sah ein Büblein kerngesund

1. Ich sah ein Büblein kerngesund,
mit frischen, roten Wangen,
mit einem Köpfchen kugelrund
hoch, hoch am Baume hangen.

2. Kopfunter, denkt euch! hing es da
und schien vergnügt und munter,
und als ich es so baumeln sah,
da fiel es, patsch, herunter.

3. Es fiel mir auf die Nase gar,
das schien mir sehr vermessen;
drum hab ich gleich mit Haut und Haar
das Bürschlein aufgegessen.

Volksgut

Pflaumenregen

Es steht ein Baum im Garten
von Pflaumen voll und schwer.
Die Kinder drunten warten
und lauschen ringsumher:
Ob nicht der Wind ihn rüttelt
und all' die Pflaumen schüttelt,
daß alle purzeln kreuz und quer.

Da horcht, wie's rauscht und rappelt!
Im Wald wacht auf der Wind.
Schon zischelt er und zappelt
und trappelt her geschwind,
und wiegt und biegt die Äste,
daß fast in ihrem Neste
die Finken nimmer sicher sind.

Nun fällt ein Pflaumenregen,
der aber macht nicht naß.
Im Gras herumzufegen,
ist da der größte Spaß.
O Wind, o Wind, o rüttle,
o Wind, o Wind, o schüttle,
wir krapsen ohne Unterlaß.

Friedrich Güll

Der Apfelbaum

„O Kindchen, nimm mir ab die Last.
Ich kann sie kaum mehr tragen;
wie tut mir doch so weh der Ast!
Ich kann dir's gar nicht sagen.

Er biegt und beugt sich tief hinab,
Bis nieder auf die Erde;
d'rum, Kind, nimm doch die Äpfel ab.
Damit mir leichter werde!"

Die Kinder kommen schnell daher
mit Körbchen und mit Stangen,
und bald ist auch das Bäumchen leer,
das kaum so voll gehangen.

Die Kinderchen sind froh dabei
und lassen's brav sich schmecken,
und Bäumchen kann nun wieder frei
die müden Äste strecken.

Von unten bis zum höchsten Raum
ist ihm so wohl zumute.
Die Kinder sagen: „Lieber Baum!
Hab' Dank für alles Gute!

Es sollen auch von Herzen nun
dich preisen uns're Lieder;
den Winter über darfst du ruhn,
doch über's Jahr trag' wieder!"

Friedrich Güll

Hab Dank, du lieber Wind!

Ich bin in den Garten gegangen
und mag nicht wieder hinaus.
Die goldigen Äpfel prangen
mit ihren roten Wangen
und laden ein zum Schmaus.

Wie ist es anzufangen?
Sie sind mir zu hoch und fern.
Ich sehe sie hangen und prangen
und kann sie nicht erlangen
und hätte doch einen gern!

Da kommt der Wind aus dem Westen
und schüttelt den Baum geschwind
und weht herab von den Ästen
den allerschönsten und besten —.
Hab Dank, du lieber Wind!

August Heinrich Hoffmann von Fallersleben

Beim Kartoffelfeuer

Lustig brennt das Feuerlein
auf der grünen Weide;
und die Kinder, groß und klein,
stehn dabei voll Freude.

Die Kartoffeln hurtig bringt,
werft sie in die Kohlen;
und ihr andern lauft und springt,
frisches Kraut zu holen!

Ei, das ist ein gut Gericht,
ein Kartoffelbraten!
So was hat der Kaiser nicht,
wenn sie nur geraten!

Chr. Dieffenbach

Vom schlafenden Apfel

1. Im Baum, im grünen Bettchen,
hoch oben sich ein Apfel wiegt,
der hat so rote Bäckchen,
man sieht's, daß er im Schlafe liegt.

2. Ein Kind steht unterm Baume,
das schaut und schaut und ruft hinauf:
„Ach, Apfel, komm herunter!
Hör endlich doch mit Schlafen auf."

3. Es hat ihn so gebeten,
glaubt ihr, der wäre aufgewacht?
Er rührt sich nicht im Bette,
sieht aus, als ob im Schlaf er lacht.

4. Da kommt die liebe Sonne
am Himmel hoch daherspaziert.
„Ach Sonne, liebe Sonne!
Mach du, daß sich der Apfel rührt!"

5. Die Sonne spricht: „Warum nicht?"
und wirft ihm Strahlen ins Gesicht,
küßt ihn dazu so freundlich;
der Apfel aber rührt sich nicht.

6. Nun schau, da kommt ein Vogel
und setzt sich auf den Baum hinauf.
„Ei, Vogel, du mußt singen,
gewiß, gewiß, das weckt ihn auf!"

7. Der Vogel wetzt den Schnabel
und singt ein Lied so wundernett
und singt aus voller Kehle,
der Apfel rührt sich nicht im Bett!

8. Und wer kam nun gegangen?
Es war der Wind, den kenn ich schon,
der küßt nicht und der singt nicht,
der pfeift aus einem andern Ton.

9. Er stemmt in beide Seiten
die Arme, bläst die Backen auf
und bläst und bläst, und richtig —
der Apfel wacht erschrocken auf.

10. Und springt vom Baum herunter
grad in die Schürze von dem Kind,
das hebt ihn auf und freut sich
und ruft: „Ich danke schön, Herr Wind!"

Robert Reinick, Märchen-, Lieder- und Geschichtenbuch, Bielefeld 1905

Der Herbst

Hallo! Die Türen aufgetan!
Hör zu, wer hören will!
Ich bin der Herbst, ein lust'ger Mann,
ich steh nicht lange still!

Heut fahr ich Gerst' und Hafer ein
und trag den Erntekranz,
und abends dann beim kühlen Wein
mach ich Musik und Tanz.

Und morgen auf die Bäum' hinauf! —
Kopf weg und aufgepaßt!
Hei, wie das rot und gelb zuhauf
herunterschlägt vom Ast! —

Ein andermal dann in den Wald,
da blas ich auf zur Pirsch.
Der Jäger kommt, die Büchse knallt,
hussa, sie traf den Hirsch!

Hussa! wie das im Walde klingt,
im grünen, stillen Raum,
wo sich die Eichkatz munter schwingt
im Nu von Baum zu Baum.

Ich bin der Herbst, ihr kennet mich,
ich steh nicht gerne still.
Hallo, hallo! Drum tummle sich,
wer fröhlich werden will.

Robert Reinick

Das junge Stürmchen

1. Herr Sturm hat gar ein lustig Kind,
das kann schon wacker laufen;
das junge Stürmchen tät man Wind
vor langer Zeit schon taufen.

2. Jung Stürmchen ist ein starker Knab,
pausbackig sondergleichen,
springt lustig immer auf und ab,
mag gern auf Berge steigen.

3. Da geht ihm denn der Atem aus,
drum muß es schnaufen, blasen,
ihr hört's ja selbst aus eurem Haus,
wie's schnauft in allen Straßen.

4. Der Wind ist gar ein wilder Fant,
kann nichts in Frieden lassen,
und kommt er auf- und abgerannt,
so muß er immer spaßen.

5. Dem springt er auf den Buckel dort,
reißt ihm den Hut herunter
und dreht ihn flink und rollt ihn fort
und pfeift dazu ganz munter.

6. Und wenn der Mann mit großer Hast
dem Hute nach will laufen,
gar schnell er ihn am Rocke faßt,
als wollt er ihn zerraufen.

7. Dem fährt er lustig in den Schopf,
frisiert mit bloßen Händen;
bald rupft er hier, bald da den Tropf,
da hilft kein Drehn und Wenden!

8. Dann packt er gar, der schlimme Wicht,
voll Sand die beiden Hände,
wirft ihn den Leuten ins Gesicht
und läuft davon behende.

9. Bald springt er hin, der wilde Knab,
und reißt mit lust'gem Blasen
die Wäsche flugs vom Seil herab
und wirft sie auf den Rasen.

10. Jung Stürmchen treibt es gar nicht fein,
möcht immer lustig spaßen,
darum, wer nicht geneckt will sein,
der bleibe von den Gassen!

Georg Christian Dieffenbach, Kinderlieder, Mainz

Knäblein und Wind

Zum Knäblein sprach der lose Wind:
„Komm, spiel mit mir, du liebes Kind!"
Das Knäblein lief dem Winde nach;
doch endlich ward es müd und sprach:
„Ach, lieber Wind, ich plag mich sehr,
nun kehr ich um, ich mag nicht mehr!"
Da hat der Wind in großer Hast
voll Zorn des Knäbleins Hut gefaßt
und rief ihm zu: „Den nehm ich dir,
weil du nicht spielen willst mit mir!"

Der Hut flog mit dem Wind davon,
das arme Büblein weinte schon;
da faßt' der Rosenstrauch im Land
mit seinem Dorn den Hut am Band
und hielt ihn, bis der Knabe kam
und in den Arm das Hütlein nahm.
Nun fuhr der Wind dem Kleinen gar
voll Zorn ins blonde Lockenhaar.
Das Knäblein aber lacht und spricht:
„Du nimmst mir meine Locken nicht!"
„Warum nicht?" schrie der böse Wind.
„Ei, weil sie angewachsen sind."

Georg Lang, Hausschwalben, Wiesbaden

Der Regenschirm

Der Regenschirm, der gestern ungezogen
aus meiner Hand davongeflogen,
hat in den Kirschbaum sich zurückgezogen
und dort den linken äußern Ast fast krumm gebogen.
Dort hängt er einsam jetzt und wartet, ungelogen,
daß bald ein Wind, ein Sturm käm' hergezogen.

Der Regenschirm, der gestern ungezogen
aus meiner Hand davongeflogen,
wie gern wär' er mir jetzt gewogen!
Er käme gleich in weitem Bogen
so gern zurück in meine Hand geflogen.
Doch leider bin ich
heute umgezogen.

Rolf Krenzer

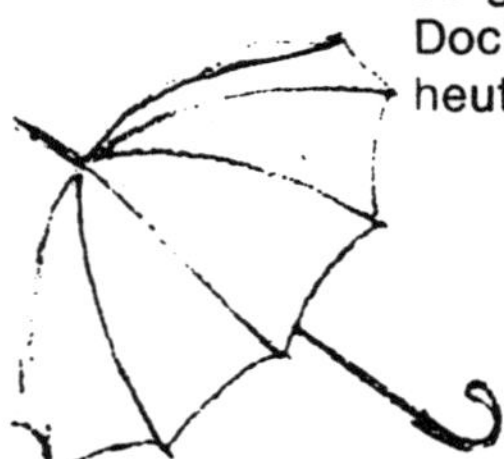

Die Geschichte vom fliegenden Robert

Wenn der Regen niederbraust,
Wenn der Sturm das Feld durchsaust,
Bleiben Mädchen oder Buben
Hübsch daheim in ihren Stuben.
Robert aber dachte: Nein!
Das muß draußen herrlich sein!
Und im Felde patschet er
Mit dem Regenschirm umher.

Hui, wie pfeift der Sturm und keucht,
Daß der Baum sich niederbeugt!
Seht! Den Schirm erfaßt der Wind,
Und der Robert fliegt geschwind
Durch die Luft so hoch, so weit.
Niemand hört ihn, wenn er schreit.
An die Wolken stößt er schon,
Und der Hut fliegt auch davon.

Schirm und Robert fliegen dort
Durch die Wolken immerfort.
Und der Hut fliegt weit voran,
Stößt zuletzt am Himmel an.
Wo der Wind sie hingetragen,
Ja, das weiß kein Mensch zu sagen.

Heinrich Hoffmann

Wie der fliegende Robert wollt' ich es wagen

Ich lief bei Regen und Sturmgebraus
mit meinem Schirm aus dem Haus heraus.
Wie der fliegende Robert wollt' ich es wagen.
Es sollte mein Schirm durch die Luft mich tragen
durch Wolken und Wind in den Himmel hinein!
Mein Schirm war so groß, und ich war so klein.

Zwei Stunden gehofft, daß es endlich geschieht,
daß der Sturm meinen Schirm nach oben zieht
und mich hinterher,
denn ich bin nicht schwer.

Doch jetzt bin ich
sehr ärgerlich!

Ich bin kein Stück nach oben geflogen!
Der fliegende Robert ist glatt erlogen!
Erlogen, erfunden!
Und gar kein Spaß!
Von oben bis unten
bin ich nur naß!

... Und ich weiß genau:
Komme ich nach Haus,
dann lachen mich alle
auch noch aus!

Rolf Krenzer

Der Wetterhahn

Wie hat sich sonst so schön der Hahn
auf unserem Turm gedreht
und damit jedem kundgetan,
woher der Wind geweht.

Doch seit dem letzten Sturme hat
er keinen rechten Lauf;
er hängt so schief, er ist so matt,
und keiner schaut mehr drauf.

Jetzt leckt man an den Finger halt
und hält ihn hoch geschwind.
Die Seite, wo der Finger kalt,
von daher weht der Wind.

Wilhelm Busch

Es wird finster

Liebe Mutter, es wird finster,
zünd's Lämplein nun an,
mach Feuer im Ofen,
und setz dich mit dran!

Liebe Mutter, es wird Winter,
mach's Stübchen schön warm,
setz dich hinter den Ofen
und nimm mich in den Arm!

Franz Magnus Böhme

Die Schwalben

1. Die Schwalben halten zwitschernd
hoch auf dem Turme Rat.
Die älteste spricht bedenklich:
„Der Herbst hat sich genaht.

2. Schon färben sich die Blätter,
die Felder werden leer;
bald tanzt kein einzig Mücklein
im Strahl der Sonne mehr.

3. Seid ihr zur Reise fertig?"
Die Alten zwitschern: „Ja!"
Die Jüngern fragen lustig:
„Wohin?" — „Nach Afrika!"

4. Nun schwirrt es durch die Lüfte,
verlassen steht das Nest;
doch alle hält die Liebe
an ihrer Heimat fest.

5. Wohl ist's viel hundert Meilen
von hier bis Afrika;
doch kommt der Sommer wieder,
sind auch die Schwalben da.

Julius Sturm, Lieder und Bilder, Leipzig 1892

Ach, wer das doch könnte!

1. Gemäht sind die Felder, der Stoppelwind weht,
hoch droben in Lüften mein Drache nun steht;
die Rippen von Holze, der Leib von Papier,
zwei Ohren, ein Schwänzlein sind all seine Zier;
und ich denk: So drauf liegen
im sonnigen Strahl —
ach, wer das doch könnte
nur ein einziges Mal!

2. Da guckt ich dem Storch in das Sommernest dort:
Guten Morgen, Frau Storchen, geht die Reise bald fort?
Ich blickt in die Häuser zum Schornstein hinein:
Lieb Vater und Mutter, wie seid ihr so klein!
Tief unter mir säh ich
Fluß, Hügel und Tal —
ach, wer das doch könnte
nur ein einziges Mal!

3. Und droben, gehoben, auf schwindelnder Bahn,
da faßt ich die Wolken, die segelnden, an;
ich ließ' mich besuchen von Schwalben und Kräh'n,
ich könnte die Lerchen, die singenden, sehn,
die Englein belauscht ich
im himmlischen Saal —
ach, wer das doch könnte
nur ein einziges Mal!

Viktor Blüthgen, Deutsche Jugend v. Jul. Lohmeyer, Leipzig

Wenn es früher dunkel wird

„Abends in der Dämmerstunde ..."
sagt der kleine Klaus,
„abends in der Dämmerstunde
bin ich gern zu Haus!"

Meine Brüder, Hans und Frieder,
kommen schnell herbei;
und wir setzen uns ans Fenster,
warten alle drei.

„Mutti, jetzt ist Dämmerstunde!
Hast du für uns Zeit?"
Unsre Mutti sagt dann lachend:
„Ich bin gleich soweit!"

Frieder holt schnell Muttis Sessel,
rückt ihn richtig hin.
Und ich bring das weiche Kissen
mit den Federn drin.

So, nun ist auch Mutti fertig.
Sie setzt sich herzu.
„Was soll ich euch heut erzählen?
Sag mir's, Frieder, du!"

Frieder sagt: „Ach, liebe Mutti,
das ist furchtbar schwer!
Alles in der Dämmerstunde
freut uns doch so sehr!"

Da erzählt sie uns ein Märchen
von dem kleinen Muck.
Und wir lauschen und wir staunen,
kriegen nie genug.

„Oh, ich mag die Dämmerstunde!"
sagt der kleine Klaus.
„Abends in der Dämmerstunde
bin ich gern zu Haus!"

Rolf Krenzer

Der Bratapfel

Kinder, kommt und ratet,
was im Ofen bratet!
Hört, wie's knallt und zischt!
Bald wird er aufgetischt,
der Zipfel, der Zapfel,
der Kipfel, der Kapfel,
der gelbrote Apfel.

Kinder, lauft schneller;
holt einen Teller,
holt eine Gabel!
Sperrt auf den Schnabel
für den Zipfel, den Zapfel,
den Kipfel, den Kapfel,
den goldbraunen Apfel.

Sie pusten und prusten,
sie gucken und schlucken,
sie schnalzen und schmecken,
sie lecken und schlecken
den Zipfel, den Zapfel,
den Kipfel, den Kapfel,
den knusprigen Apfel.

Fritz und Emilie Kögel

Herbstlieder — Herbstliche Spiele

Der Herbst ist da

Refrain:

Der Herbst ist da!
Der Herbst ist da!
Wo wir gehn und stehn,
kann es jeder sehn:
Der Herbst ist da!
Der Herbst ist da!

Strophen:

Was ist denn mit dem Baum geschehn?
Wer kann noch grüne Blätter sehn?
Sie sind jetzt gelb und rot und braun.
Ihr braucht nur hinzuschaun!
Refrain

Die Blätter schaukeln hin und her.
Der Herbstwind pustet immer mehr.
Was ist denn mit den Blättern los?
Sie fallen in das Moos.
Refrain

Wir laufen hier im Kreis herum.
Der Herbstwind pustet uns nicht um.
Wir laufen durch das weiche Gras
und haben unsern Spaß.
Refrain

Text: Rolf Krenzer, Melodie: Siegfried Fietz, © Ulmtal-Musikverlags GmbH, 6349 Greifenstein 2

Herbstwind

2. Nahmst uns die Blumen, die Vögelein,
still ist's im Garten und still ist's im Hain.
Scher dich zum Kuckuck, du wüster Gesell,
spute dich, Herbst, und verschwinde nun schnell!

3. Schick uns den Winter mit Schnee und Eis,
schick uns das Christkind ins Zimmer leis'!
Triffst du Knecht Ruprecht, so grüße ihn fein,
weis ihm den Weg zu uns Kinderlein!

Volksweise

Wer mit in den Süden will (Spiellied um die Zugvögel)

Wer mit in den Süden will, fliegt mit mir!
Wer mit in den Süden will,
fliegt mit mir!
Da starten alle Vögel.
Die Reiselust ist groß.
Fliegt alle gleich hinter mir her!
Jetzt geht die Reise los!

Wer mit in den Süden will,
ist am Ziel!
Wer mit in den Süden will,
ist am Ziel!
Da schwärmen schon die Vögel
nach allen Seiten aus.
Und wenn es bei uns Frühling wird,
kehr'n sie zurück nach Haus.

Wer mit in den Norden will,
fliegt zu mir!
Wer mit in den Norden will,
fliegt zu mir!
Da sammeln sich die Vögel.
Die Reiselust ist groß.
Es werden immer, immer mehr.
Bald geht die Reise los.

Wer mit in den Norden will,
fliegt mit mir!
Wer mit in den Norden will,
fliegt mit mir!
Da starten alle Vögel.
Die Reiselust ist groß.
Fliegt alle gleich hinter mir her!
Jetzt geht die Reise los!

Wer mit mir in den Norden will,
ist am Ziel!
Wer mit mir in den Norden will,
ist am Ziel!
Da schwärmen alle Vögel
nach allen Seiten aus
und sind den ganzen Sommer lang
bei uns und hier zu Haus.

Text: Rolf Krenzer, Melodie: Siegfried Fietz,

Der Spielleiter beginnt und stellt sich auf die eine Seite des Raums. Da kommen alle Vögel zu ihm hingeflogen und sammeln sich bei ihm. Dann

fliegt er zur entgegengesetzten Seite des Raumes, und die Vögel folgen ihm dorthin.
Wenn sie diese Seite gefunden haben, fliegen sie überall herum, bis der Spielleiter wieder zum Aufbruch nach Norden einlädt.
Das Spiel läßt sich beliebig oft wiederholen. Man kann darauf achten, daß die Vögel nicht rasen, sondern mit weit ausgebreiteten Armen (Flügeln) ruhig und sicher durch die Luft fliegen.

Nebel-Lied

Um mich herum ist Nebel,
und ich bin so allein.
Wo mögen alle andern nur
im dicken Nebel sein?

Doch spür' ich deine Hände,
dann kann mir nichts geschehn.
So können wir zusammen durch
den dicken Nebel gehn.

Der dicke, dichte Nebel
wird bald verschwunden sein.
Schau her, schon liegt die ganze Welt
im hellen Sonnenschein!

Text: Rolf Krenzer, Melodie: Siegfried Fietz, © Ulmtal-Musikverlags GmbH, 6349 Greifenstein 2

Wir gehen behutsam mit geschlossenen (oder verbundenen) Augen in den Kreis hinein. Keiner darf blinzeln.

Zuerst ist es für alle etwas ungewohnt, vielleicht auch ein bißchen unheimlich.
Wenn wir aber dann einen anderen im Kreis berühren, ihm die Hand geben und seine Hand drücken, dann fühlen wir uns plötzlich viel sicherer. Wir können dann die zweite Hand einem anderen geben, eine Hand wieder loslassen, überlegen, wem die Hand wohl gehört usw.
Erst zum Schluß des Liedes öffnen wir die Augen und sehen uns an. Da gibt es manche Überraschung.

Wind, Wind, sause!

2. Stern, Stern, scheine!
Der Mond ist noch ganz kleine,
er hält die Sichel in der Hand
und mäht damit am Himmelsrand.
Stern, Stern, scheine!

3. Singe, Vogel, singe!
Der Mond ist guter Dinge,
er sieht so blank und lustig aus
und steckt den halben Teller raus.
Singe, Vogel, singe!

4. Hell wird's, immer heller.
Der Mond hat einen Teller
mit lauter weißem Silbersand,
den streut er über Meer und Land.
Hell wird's, immer heller.

Mündlich überliefert

Hab mir mein Weizen am Berg gesät

Böhmischer Wind, ach, ich bitt dich schön:
laß mir mein'n Weizen am Berge stehn.

Wenn ich kein Geld mehr im Beutel hab,
geh ich in'n Wald und schneid Reiser ab.

Geh ich nach Haus und mach Besen draus,
krieg ich doch bald wieder Geld ins Haus.

Wenn ich die Besen gebunden hab,
geh ich die Straßen wohl auf und ab:
Leute, wer kauft mir Besen ab?

In Mutters Stübele

Muß fast erfrieren jetzt vor lauter hm, hm, hm;
muß fast erfrieren jetzt vor lauter Wind.

Du nimmt den Bettelsack und ich den hm, hm, hm;
du nimmst den Bettelsack und ich den Korb.

Du kriegst ein Äpfelchen und ich ein' hm, hm, hm;
du kriegst ein Äpfelchen und ich ein' Birn!

Du sagst Vergelt es Gott, und ich sag hm, hm, hm;
du sagst Vergelt es Gott, und ich sag Dank.

Volkslied

Blas, blas, Blasewind

Blas, blas, Blasewind,
Schüttle alle Bäum' geschwind,
Laß die Äpfel runterfallen.
Bitte, tu uns den Gefallen.
Blas, blas, Blasewind
Huia, huia, huia, nun blase …

Volksgut

Wir stehen im Kreis und halten die Hände trichterförmig vor den Mund. Wir rufen den Wind. Wenn die Äpfel fallen, schütteln wir die Arme, dann zeigen wir mit lautem Klatschen an, daß die Äpfel auf die Oberschenkel fallen. Wenn sie auf den Boden fallen, stampfen wir laut mit den Füßen auf.

Wenn es regnet

Wenn es regnet,
wenn es regnet,
ja, dann macht uns das nichts aus.
Denn wir holen
den Mantel,
und wir laufen hinaus.

Wenn es regnet,
wenn es regnet,
ja, wird der Schirm aufgespannt.
Und wir gehn
durch den Regen
mit dem Schirm in der Hand.

Wenn es regnet,
wenn es regnet,
ja, holt die Stiefel heraus!
Und wir plantschen
und stampfen
durch die Pfützen vorm Haus.

Und der Regen,
und der Regen,
ja, der ist einmal vorbei.
Und wir tanzen
in der Sonne,
dideldum und juchhei.

Text: Rolf Krenzer, Melodie: Inge Lotz, aus I. Lotz / R. Krenzer: Mach mit uns Musik, Verlag Ernst Kaufmann und Kösel-Verlag, München

Zuerst sitzen alle ganz bedrückt herum. Mit den Händen zeigen wir, daß draußen der Regen herunterbraust. Aber dann ziehen wir pantomimisch den Mantel an, holen den Schirm, spannen ihn auf, ziehen Stiefel an und plantschen in den Pfützen herum. Wenn dann die Sonne herauskommt, breiten wir die Arme aus, geben uns die Hände und tanzen im Kreis.

Es regnet ohne Unterlaß Überliefert

Spielmöglichkeit

Einige Spieler stellen Blumen dar und hocken im Kreis. Wir gehen im Kreis zu dem Lied um sie herum. Bei „Bunter, bunter Falter“ bleiben wir stehen und klatschen im Gleichmaß. Dann winken alle Blumen je einen „Schmetterling“ zu sich heran. Beim folgenden Spiel werden die Rollen getauscht.

Hu, hu, heult der Wind

Verfasser unbekannt

2. Hu, hu, eine Hand,
hu, hu, voller Sand,
wirft uns der Geselle
ins Gesicht gar schnelle.
Hu, hu...

3. Hu, hu, ach, mein Hut,
hu, hu, neu und gut,
kullert auf die Straße,
grad vor meiner Nase.
Hu, hu...

4. Hu, der Wind, der saust.
Hu, hu, und er zaust
das Bäumchen an dem Schopfe,
reißt ihm Laub vom Kopfe.
Hu, hu, böser Wind,
schweig geschwind!

Der Inhalt der einzelnen Strophen wird in entsprechende Bewegungen umgesetzt.

Drachenlied

Ich bin hier so allein.
Drum lade ich dich ein:
Steig hoch hinauf zu mir,
und ich verspreche dir:
Es wird dir ein
Vergnügen sein!

Wind, Wind, wiege,
damit ich weiter fliege.
Wind, Wind, blase,
sonst fall ich auf die Nase.
Und jeder kann uns sehn
so hoch am Himmel stehn.

Der Wind dreht sich im Tanz
mit meinem Drachenschwanz.
Er ist nur aus Papier.
He, Wind, ich rate dir:
Laß meinen Schwanz
noch heil und ganz!

Wind, Wind, wiege,
Damit ich weiterfliege!
Wind, Wind, blase,
sonst fall' ich auf die Nase.
Und weil wir fröhlich sind,
drum tanzen wir im Wind!

Text: Rolf Krenzer, Melodie: Siegfried Fietz, © Ulmtal-Musikverlags GmbH, 6349 Greifenstein 2

Einer stellt einen Drachen dar mit weit ausgestreckten Armen. Ein anderer den Wind. Je stärker der Wind auf ihn zugeht und bläst, um so weiter spreizt der Drachen seine Arme, um so höher geht er auf seinen Zehenspitzen. Zur zweiten Strophe kommen mehr Spieler hinzu. Sie hängen sich hinter den Drachen und stellen seinen Schwanz dar. Nun versucht der Wind, den Drachenschwanz zu packen. Aber der Drachen windet und dreht sich, so daß der Wind ihn nicht erwischt und die Spieler nicht packen kann. Der Drachen beschützt die Spieler hinter sich. Sollte es dem Wind aber doch gelingen, dann darf er den Drachen spielen.

Der Wind ist mein Freund

Der Wind, der Wind ist mein Freund.
Ich liebe es, wenn man am Ufer steht
und einem der Wind um die Ohren weht,
daß keine Worte mehr nötig sind.
Ich fühle, jetzt spricht mit mir der Wind.

Der Wind, der Wind ist mein Freund.
Er treibt mit mir seinen Schabernack
und packt mich unter dem Anorak.
Will ich mich losreißen, hält er mich fest,
so wie man Freunde nicht gehen läßt.

Der Wind, der Wind ist mein Freund.
Weht der Wind, heult der Sturm ums Haus,
sitz ich am Fenster und schaue hinaus.
Die Blätter rauschen; die Wolke zieht,
und für mich singt der Wind sein uraltes Lied.

Der Wind, der Wind ist mein Freund.
Ich liebe es, wenn er im Schornstein pfeift,
wenn er die Bäume schüttelt und greift,
wenn der Laden klappert und schlägt,
wenn der Staub durch die Straßen fegt.
Der Wind ist mein Freund.

Text: Rolf Krenzer, aus H. J. Gelberg (Hrsg.), Der fliegende Robert, Viertes Jahrbuch der Kinderliteratur, Beltz, Weinheim. Melodie: Inge Lotz, aus LP und Liederbuch „Wir sind die Musikanten“, Verlag Ernst Kaufmann, Lahr und Kösel-Verlag, München

Blättertanz

2. Herbstwetter, Herbstwetter!
Was wird nun geschehn?
Der Wind weht durch die Blätter,
und jeder kann es sehn.
Da tanzen alle Blätter. (Zweimal)
Sie tanzen hin und her.
So tanzen sie, so tanzen sie
und tanzen immer mehr.

3. Herbstwetter, Herbstwetter!
Was wird nun geschehn?
Der Sturm fegt durch die Blätter,
und jeder kann es sehn.
Da wirbeln alle Blätter. (Zweimal)
Sie wirbeln hin und her.
So wirbeln sie, so wirbeln sie
und wirbeln immer mehr.

4. Herbstwetter, Herbstwetter!
Was wird nun geschehn?
Der Baum verliert die Blätter,
und jeder kann es sehn.
Da fallen alle Blätter.
Der Baum gibt alle her.
So schweben sie, so fallen sie
zur Erde naß und schwer.
Da liegen jetzt die Blätter.
Der Baum ist kahl und leer.
Wir träumen von dem nächsten Jahr,
daß wieder Frühling wär.

Text: Rolf Krenzer, Melodie: Siegfried Fietz,

Spielanleitung

1. Strophe: In der Mitte stellt ein Spieler (oder mehrere) mit weit ausgestreckten Armen den Baum dar. Die Spieler, die die Blätter spielen, sind ganz nah daran und halten sich mit einer Hand an ihm oder an den anderen Blättern fest. Sie schaukeln dabei leicht hin und her.
2. Strophe: Die Blätter fassen sich an den Händen und tanzen um den Baum herum.
3. Strophe: Sie lassen sich los und wirbeln rundherum.
4. Strophe: Sie lassen sich langsam auf der Erde nieder und bleiben dort liegen. Der Baum steht am Ende kahl und leer da.

Beim nächsten Spiel darf ein anderer den Baum darstellen, der noch viele Blätter trägt.

Das ist mein Baum (Ein Bewegungsspiel mit vielen Kindern)

Zunächst spricht der Spielleiter den Text allein. Dazu ergeben sich die einzelnen Bewegungen, die von den Kindern spontan eingebracht werden können. Bei Wiederholungen können immer mehr Kinder den Text mitsprechen.

Das ist mein Baum.
Zuerst war er klein.
Er wuchs Jahr um Jahr,
bis er mächtiger,
prächtiger
war.

Drei Spieler stellen den Baum dar. Sie hocken zuerst auf der Erde, dann erheben sie sich und bilden einen mächtigen Baum, wobei die Arme ausgebreitet werden und die Äste bilden.

Das ist mein Baum.
Seine Blätter schaukeln im Wind.

Die Spieler, die die Blätter darstellen, halten sich an dem Baum mit seinen Ästen fest.

Und hoch in die Äste klettert ein Kind
und schaukelt und lacht,
weil Klettern und Schaukeln ihm Freude macht.

Das Kind klettert in den Baum hinein, wird von allen geschaukelt usw. Dann kann ein anderes Kind hineinklettern.

Das ist mein Baum.
Die Vögel fliegen hinein und hinaus
und ruhen sich auf seinen Zweigen aus.

Die Vögel fliegen herbei, lassen sich im oder neben dem Baum nieder, fliegen wieder davon, umkreisen den Baum usw.

Das ist mein Baum.
Schau, dort im Geäst
bauen die Vögel sich ihr Nest
und brüten.
Bald schlüpfen Junge aus
und fliegen weit in die Welt hinaus.

Alles wird im Spiel dargestellt. Zum Schluß fliegen die Vögel davon.

Das ist mein Baum.
Wenn der Sommer geht
und der Herbstwind weht,
welken die Blätter

Die Spieler, die die Blätter darstellen, lassen die Köpfe sinken und ihre Arme hängen.

und lösen sich

Sie lösen sich vom Baum, schweben, tanzen usw. und fallen am Ende ganz vorsichtig zur Erde, wo sie ganz still liegen bleiben.

und schweben und wiegen
und tanzen und fliegen
und wirbeln umher
und fallen zur Erde
müde und schwer.
Das ist mein Baum.
Er ist kahl und leer.
Seht nur, da kommt ein Igel daher!

Ein Igel krabbelt herzu.

Er wuschelt
und kuschelt
dort, wo die Blätter am dichtesten sind,
daß sie wie warme Mützen
ihn schützen,
weil jetzt sein Winterschlaf beginnt.

Der Igel kriecht ganz nahe zu den Blättern, kuschelt sich dort ein, die Blätter legen sich ganz dicht um ihn herum, schützen und wärmen ihn, und der Igel schläft ein.

Das ist mein Baum.
Dort huscht eine Maus!
Sie sammelt die Blätter für ihr Haus
und polstert es mit den Blättern aus.

Die Maus läuft hinzu, nimmt sich einige Blätter mit, die an einem etwas entfernten Platz ein Haus bilden, in dem sich die Maus niederläßt.

Das ist mein Baum.
Er ist kahl und leer.
Das Eichhörnchen springt hin und her.
Nüsse findet es keine mehr.

Das Eichhörnchen klettert zunächst in den kahlen Baum hinein, dann wendet es sich den Blättern zu und trägt sie wie die Maus nach Hause in seinen Kobel.

Genau wie die Maus
sammelt es Blätter
und polstert sein Haus,
seinen Kobel, mit den Blättern aus.
Das ist mein Baum.
Er ist kalt und leer.
Der Sturm stößt die Äste hin und her.
Und dann kommt der Winter.
Und mein Baum steht
und wartet
auf Frühlingssonne,
auf besseres Wetter,
auf Vögel und Blätter
und wieder auf Kinder.

Rolf Krenzer

Herbstmarkt — Allerlei Angebote

Herbstspaziergang

Ein Spaziergang ganz besonderer Art, weil in dieser Jahreszeit der Wald sehr viel zu bieten hat. Wir suchen die ersten bunten Blätter und ernten die Früchte des Waldes.

Meditation: Welke Blätter

Wir sammeln einige Blätter von Bäumen, die nahe am Kindergarten stehen und die jedes Kind kennt. Dann setzen wir uns in den Kreis. Jedes Kind hat ein Blatt in seiner Hand. Nun dürfen die Kinder beschreiben, was sie an dem Blatt entdecken, z. B. seine Farbe, die Adern, die Oberfläche.
Wir können auch berichten, was ein solches Blatt in diesem Jahr alles gesehen hat, als es so nahe beim Kindergarten hing, z. B. das Sommerfest oder

sonstige Ereignisse. Wir brauchen viel Zeit, denn wir wollen uns gemeinsam an viele Erlebnisse erinnern.
Später können die welken Blätter gepreßt, zu Blätterbildern gestaltet oder an einer langen Schnur an der Wand aufgehängt werden.

Erinnerungskalender

Weil es im Herbst so viele Kleinigkeiten zum Sammeln gibt, lohnt es sich, jetzt mit der Anfertigung eines kleinen Erinnerungskalenders zu beginnen. Wir brauchen leere Streichholzschachteln oder Zigarettenschachteln, auch andere Schachteln in dieser Größe, außerdem Buntpapier und Bindfaden. Jeder Monat erhält eine Schachtel. Sie wird bunt beklebt oder mit einem Bild versehen, das dem jeweiligen Monat entspricht (Schneemann im Januar, Maske im Februar, Spaten im März, Osterei im April, Maikäfer im Mai, Erdbeere im Juni, Kirsche im Juli, Sonne im August, Birne im September, Drachen im Oktober, Ofen im November und Weihnachtsbaum oder Kerze im Dezember). Nun wird für jeden Monat ein Gegenstand in die betreffende Schachtel gelegt, an den man sich später besonders gern erinnern möchte. Das mag ein Stück Würfelzucker sein, das anläßlich eines Cafébesuches eingesteckt wurde, ein Luftballon vom Fasching, etwas Wachs von der Weihnachtskerze, ein Stück Ostereierschale, eine besonders hübsche Kastanie, ein Foto von einem Ausflug, eine Fahrkarte, ein Stein usw. Die Kästchen werden ähnlich dem selbstgebastelten Adventskalender aufgehängt. Gelegentlich kann man dann ein Kästchen öffnen und sich gemeinsam an die besondere Situation erinnern, in der der betreffende Gegenstand in das Kästchen gesteckt wurde.

Bastelausstellung

Eicheln, Kastanien, Hagebutten, Wurzeln und viele andere Dinge aus dem Wald lassen sich als Bastelmaterial verwenden. Mit wenigen Hilfen können so lustige Igel, Tannenzapfentiere, Schildkröten, Wurzelmännchen usw. hergestellt werden, die an einem Nachmittag in einer kleinen Ausstellung den Eltern gezeigt werden. Um das Bild noch bunter zu gestalten, können dieser Ausstellung auch Knetarbeiten (Früchte, Früchte im Korb, Marktverkaufsstand mit vielen Körben) und Bilder (ausgemalte Bilder aus den Arbeitsheften, Buntpapierarbeiten usw.) beigefügt werden.

Kartoffelfeuer

Wer es irgendwie ermöglichen kann, sollte den Kindern und Erwachsenen diesen Spaß nicht vorenthalten. Es genügt ein kleines Feuer im Garten oder auf einem freien Platz, um das wir uns alle herumsetzen können. Wenn das Feuer niedergebrannt ist, werden kleine Kartoffeln mit der Schale in die Glut gelegt. Die heißen Kartoffeln schmecken anschließend allen besser als der feinste Festtagsbraten.

Kürbis-Lampion

Der Erzieher hilft dabei, von einem dicken Kürbis die Kappe abzuschneiden. Dann wird der Kürbis ausgehöhlt und in seine dicke Schale werden Augen, Nase und Mund geschnitten. Nun wird eine Kerze hineingestellt und angezündet. Zum Schluß wird die Kappe wieder aufgesetzt.
Wenn es im Zimmer dämmrig ist, sieht der leuchtende runde Kürbiskopf schön und ein bißchen unheimlich aus. Man kann jetzt Geschichten erzählen, erste Laternenlieder singen und darüber nachdenken, was der Kürbiskopf alles erleben kann. Wenn es außerdem dazu noch leckere Bratäpfel zum Verzehren gibt, wird die Feierstunde noch schöner.

Einen Blätterkranz binden

Wir flechten Blumendraht ganz grob und formen ihn zu einem Kranz, den wir an der Decke oder anderswo aufhängen. Dann stecken wir Blätter und Zweige hinein. Später können wir auch Tannenzweige in den Kranz stecken.

Herbstwolke

Wir schneiden in ein großes weißes Bettuch mehrere Löcher, so daß wir unsere Köpfe hindurchstecken können. Nun müssen ein paar Kinder noch zusätzlich darunter schlüpfen und ihre Wolke dazu bewegen, langsam durch den Raum zu ziehen. Die Form der Wolke läßt sich auch verändern, wenn wir es gemeinsam ausprobieren.
Es können auch graue und schwarze Wolken gebildet werden.

Der Herbstwind treibt die Wolken auseinander

Wir formen Wolken aus Watte, lassen sie durch den Raum schweben und blasen immer heftig dagegen, wenn sie auf die Erde schweben, so daß sie wieder höher steigen.

Luftballons blasen

Wir brauchen einen Gymnastikreifen und für jedes Kind, das mitspielt, einen aufgeblasenen Luftballon. Nun soll jeder versuchen, seinen Luftballon in den Reifen zu pusten. Dabei kann es vorkommen, daß andere wieder aus dem Reifen herausgepustet werden.
Schöner ist es noch, wenn alle versuchen, ihre Luftballons in den Reifen zu pusten, ohne die anderen hinauszupusten. Wenn es wirklich am Ende gelingt, daß alle Luftballons im Reifen sind, dann haben wir wirklich etwas Tolles geleistet. Für dieses Spiel darf die Gruppe der Mitspieler nicht zu groß sein.

Windwettlauf

Wir schneiden aus Pappe kleine Figuren (Männchen) oder Tiere doppelt aus, so daß der obere Teil noch zusammen bleibt und die Figuren stehen können.
Nun stellen wir die Figuren in einer Reihe auf den Boden, legen uns dahinter auf den Bauch und versuchen, die Figuren durch unser Blasen vorwärts zu treiben. Aber Vorsicht!
Wenn ein Männchen umfällt, muß es wieder zu seinem Ausgangspunkt zurück.

Kinderflohmarkt

Wir bringen Sachen mit, die eigentlich zum Wegwerfen zu schade sind, und bauen an mehreren Tischen einen Kinderflohmarkt auf. Dann passiert es, daß Dinge, die einer nicht mehr haben will, für den anderen sehr wichtig sind. Wir können tauschen oder auch mit Pfennigbeträgen voneinander kaufen. Wir können auch die anderen Gruppen zu unserem Flohmarkt einladen oder alle Eltern an einem Nachmittag zu einem richtigen großen Kinderflohmarkt mit zusätzlichen Spielen und Liedern usw. einladen. Das Kinderflohmarktlied wurde der Doppel-MC und dem Buch „Kinderflohmarkt" (Impulse-Musikverlag, 4406 Drensteinfurt) entnommen, wo fast dreißig Spiellieder zum Umweltschutz mit Kindern zu finden sind, z.B. ein Liebeslied für einen Lumpensammler oder die Gulli-Pulli-Müllmaschine und Alois, der Alufresser.

Text: Rolf Krenzer, Musik: Ludger Edelkötter. Rechte im Impulse-Verlag, 4406 Drensteinfurt

Spielt den Frieden, nicht den Krieg

Wenn im Herbst sich viele Menschen zusammenfinden, um während der Friedenswoche für den Frieden in der Welt einzustehen und sich zu ihm zu bekennen, ist dies nur eine Demonstration dessen, was im täglichen Umgehen miteinander erlebt und erfahren werden kann. Kinder können im eigenen Erleben begreifen lernen, was es bedeutet, Frieden mit anderen zu schließen und zu halten, Frieden mit den Kindern in der Gruppe, Frieden in der Familie, Frieden mit der Schöpfung. Sie können den Frieden „spielen". Und weil im Spiel exemplarisch der Frieden gewagt werden kann, lassen sich die Situationen des Spiels auf das tägliche Umgehen miteinander übertragen. Weil sie im Spiel mit allen Sinnen erlebt werden können, besteht die Chance, daß sie haften, daß die Erinnerung an besonders freudig erlebte Situationen bleibt und der Wunsch besteht, ähnliche ebenso freudig zu erlebende Situationen wieder herzustellen.
Die hier angebotenen Texte, Lieder und weiteren Möglichkeiten lassen sich das ganze Jahr über einsetzen. Sie sind nicht an die Friedenswoche gebunden. Aber hier besteht die Möglichkeit, darauf hinzuweisen und auch in Gesprächen dazu hinzuführen, daß Menschen nur ihr Leben leben können, wenn sie miteinander Frieden schließen und den Frieden halten.
Kinder sind nicht zu jung, um das zu begreifen. Auch der Hinweis, daß Gott uns allen Frieden schenkt, wenn wir auf ihn hören, kann von Kindern verstanden werden. Vielleicht gerade deshalb, weil sie noch Kinder sind und vorurteilsfrei und ehrlich mit dem umgehen, was sie erleben und erfahren.
Das wird vertieft in der Weihnachtsgeschichte, in der die Engel den Hirten verkünden, daß Gott den Menschen mit der Geburt Christi immer wieder neu seinen Frieden bringt: Ehre sei Gott in der Höhe. Friede der Welt und den Menschen, die Gott lieben.
Die Geschichten und Lieder geben Beispiele, die zum Nachdenken, Darübersprechen, vielleicht auch zu einfachen Rollenspielen anregen. Zu den Gesprächen, die geführt werden sollten, gehören auch die Themen „Kriegsspielzeug", „Streit mit anderen", „Jungen — Mädchen" und „Mut zum Versöhnen".

Geschichten

Vorbemerkung

Im Gegensatz zu allen anderen Texten dieser Sammlung sind den meisten dieser Texte kurze methodisch-didaktische Hinweise beigefügt. Sie greifen den Inhalt der jeweiligen Geschichte auf und zeigen Möglichkeiten, in welcher Weise mit Kindern weitergearbeitet werden kann.

Die Großen aus der Lorbachstraße

Vater im Himmel,
ich möchte dir für meinen Vati danken. Die großen Jungen aus der Lorbachstraße haben mir heute aufgelauert und wollten mich verprügeln. Ich habe solche Angst gehabt, weil es so viele waren. Und ich war ganz allein und konnte mich nicht wehren. Plötzlich bremste ein Auto. Vati sprang heraus und lief so schnell auf uns zu, wie er vorher noch nie gelaufen ist. Er hat gar nichts gesagt. Aber die Jungen aus der Lorbachstraße sind fortgelaufen. Er nahm mich bei der Hand und brachte mich zu unserm Auto.
Morgen werde ich einen anderen Weg nehmen. Dann brauche ich nicht durch die Lorbachstraße!
Ich danke dir, daß du mir meinen Vati gegeben hast und daß du ihn zu mir in die Lorbachstraße geschickt hast.
Amen.

Rolf Krenzer, aus R. Krenzer: Väter, die geliebt werden, Lahn-Verlag, Limburg

Der kurze Gebetstext greift Ängste auf, die jüngere Kinder vor älteren haben. Schlechte Erfahrungen können dazu führen. Für manch ein Kind besteht eine solche „Lorbachstraße", und es hat Angst, diesen Weg zu nehmen.

Gesprächsimpulse

Was kann man tun? Sich einem Erwachsenen anschließen? Mit den Eltern darüber sprechen, gemeinsam nach einer Lösung suchen, vielleicht daß die Mutter ein Stück entgegenkommt oder wie hier der Vater seine Fahrt mit dem Auto so einrichtet, daß er das Kind mit nach Hause nehmen kann.
Warum fühlen sich die Großen so stark? Weil sie älter, stärker sind? — Weil sie in einer Gruppe dem einzelnen gegenüberstehen? Weil sie schon einmal erlebt haben, daß jemand Angst vor ihnen hat?
Wovor haben die Großen Angst?
Ob sie auch Angst hatten, als sie noch die „Kleinen" waren?

Zwei Kinder beten

Lieber Gott,
heute hat mir der Pedro erzählt, daß sein Vater ihn so geschlagen hat, daß er blaue Streifen hat. Sein Vater war betrunken und schlecht gelaunt. Pedro hat gesagt, daß das oft vorkommt und daß er oft Schläge bekommt.
Lieber Gott, mein Vater hat mich noch nie geschlagen. Er ist auch nie betrunken. Dafür danke ich dir.

Guter Gott,
ich freue mich jeden Tag, wenn mein Vater von der Arbeit nach Hause kommt. Es ist immer schön, wenn er bei mir ist.

Wenn mein Vater morgens geht, dann gibt er meiner Mutter einen Kuß. Das ist immer so.
Wenn mein Vater heimkommt, drückt er meine Mutter.
Gott, ich danke dir, daß es bei uns immer so ist.

Die beiden ganz unterschiedlichen Gebete machen deutlich, was Kinder erleben, wovor sie Tag für Tag Angst haben, was sie freut und was ihnen Mut macht.

Gesprächsimpulse

Was kann Pedro tun? Wie könnte man Pedro helfen? Wie ist das mit Pedros Mutter? Mit wem könnte Pedro sprechen? Mit wem können wir sprechen, wenn wir etwas davon erfahren? Sollte man darüber schweigen, weil es Pedros Sache ist? Woran kann es liegen, daß Pedros Vater sich so verhält?

Nicht böse auseinandergehen

Joachim ist so böse auf seine Mutter. Er hat sich so sehr über sie geärgert, daß er mit einem lauten Krach die Tür hinter sich zuschlägt.
Von dem Krach ist er selbst so erschrocken, daß er jetzt abwartend stehen bleibt. Wird sie hinter ihm herkommen? Wird sie laut schimpfen? Wird sie ihn rufen?
Er wartet lange. Nichts geschieht.
Das ist Joachim gar nicht recht. Er weiß nicht, was er jetzt tun soll.
Und ein bißchen leid tut es ihm auch, daß er so böse aus dem Zimmer gelaufen ist.
Ganz vorsichtig drückt er die Klinke wieder herunter und öffnet die Tür einen Spalt breit.
Seine Mutter sitzt am Tisch. Sie sagt nichts. Sie blickt ihn nur an.
Da öffnet Joachim die Tür noch weiter und geht zögernd wieder hinein.
„Bist du jetzt böse?" fragt er.
Seine Mutter lächelt ein bißchen.
„Bist du noch böse?" fragt Joachim.
„Komm mal zu mir!" sagt seine Mutter und streckt beide Arme zu ihm hin.
Da kann Joachim auch nicht mehr böse sein. Er läuft zu ihr hin und kuschelt sich auf ihren Schoß.
„Manchmal ärgert man sich sehr!" sagt seine Mutter leise. „Du hast dich über mich geärgert und ich mich über dich!"
Joachim nickt. Ja, das stimmt! Er hat sich wirklich sehr über seine Mutter geärgert.
„Weißt du, manchmal ärgere ich mich auch über Papa!" meint die Mutter.
„Und Papa über dich!" sagt Joachim.
„Und manchmal ist es richtig laut bei uns!"
Auch das weiß Joachim. Das mag er gar nicht, denn dann ist es zu Hause wirklich nicht gemütlich.

Deshalb tröstet er seine Mutter gleich: „Aber dann werdet ihr euch doch auch wieder gut!"
„Ja! Als wir heirateten, haben wir uns etwas versprochen!"
„Daß ihr euch nie zanken würdet?" fragt Joachim neugierig.
„Du weißt doch selbst, daß das nicht immer klappt!" lacht die Mutter. Aber dann fügt sie hinzu: „Wir haben uns versprochen, daß wir nie böse auseinandergehen wollen. Wir wollen uns immer wieder gut werden, bevor wir einschlafen. Wir wollen uns immer wieder gut werden, bevor Vati zur Arbeit geht."
Joachim denkt nach. Dann fragt er: „Hat es immer geklappt?"
„Ja, fast immer!" sagt seine Mutter. „Wir haben es uns ja ganz fest versprochen!"
„Man kann ja fortgehen und dann unter ein Auto kommen!" meint Joachim.
Und seine Mutter fügt hinzu: „Dann muß man das ganze Leben lang traurig sein, weil man böse auseinandergegangen ist."
„Ich schlage die Tür bestimmt nicht wieder so laut zu!" sagt Joachim und drückt sich ganz fest an seine Mutter.
„Das war nicht so schlimm!" sagt die Mutter mit einem verschmitzten Lächeln. „Du bist ja gleich wieder gekommen. Und wenn du jetzt raus zum Spielen gehst, bist du überhaupt nicht mehr böse auf mich."
„Wenn ihr euch das versprochen habt, du und Papa...", denkt Joachim laut, „dann gilt das ja auch für mich. Schließlich gehöre ich ja zu euch dazu!"

Rolf Krenzer, aus V. Fritz/R. Krenzer: 100 einfache Texte zum Kirchenjahr, Verlag Ernst Kaufmann, Lahr und Kösel-Verlag, München

Joachim und seine Mutter sprechen nach einem Streit miteinander. Streit — Versöhnung, Wut, Geborgenheit.
Bildlich, klanglich, bzw. bewegungsmäßig Wut und den Weg von der Wut zur Versöhnung darstellen. Im Gespräch Regeln entdecken, mit seiner Wut umgehen zu lernen.
Hierzu auch Lieder „Streit" (Seite 194) und „Miteinander sprechen" (Seite 196).

Streit mit Cornelia

Sandra will nie mehr mit Cornelia spielen. Nie mehr! Das hat sie sich fest vorgenommen. Heute morgen im Kindergarten hat Cornelia laut gelacht, als Sandra das mit dem Kakao passiert ist. Daß man nach dem Trinken die Tasse nicht mehr richtig auf den Tisch stellt, daß die Tasse umkippt und der Kakao, der noch drin war, über das neue weiße Kleid schwappt, das kann jedem einmal passieren.
Frau Buchmüller hat das auch gesagt und das Kleid so gut es ging ausgewaschen. Alle haben Sandra getröstet, weil sie sich so erschreckt hat. Alle. Nur Cornelia nicht!
Cornelia hat laut gelacht, als Sandra in ihrem weißen Kleid mit dem großen

braunen Fleck dastand. Richtig ausgelacht hat sie Sandra. Und Cornelia ist Sandras beste Freundin.
Nein! Cornelia war ihre beste Freundin!
Das ist jetzt aus.
Sandra hat den ganzen Tag kein Wort mehr mit Cornelia gesprochen.
Cornelia hat ihr später ein Bonbon schenken wollen und noch später sogar das neue Puppenkleid, das sie erst seit gestern besitzt. Aber Sandra hat sich abgewendet, ist einfach davongegangen. Nein, Cornelia ist nicht mehr ihre Freundin. Sie will nie mehr mit Cornelia spielen. Nie mehr!
Am Nachmittag klingelt es. Cornelias Mutter ist gekommen.
Ob Sandra vielleicht mit Cornelias Mutter sprechen würde, fragt Mutti.
Cornelias Mutter ist immer sehr lieb zu Sandra gewesen. Sie kann nichts dafür, daß sie eine so scheußliche Tochter hat. Deshalb ist Sandra schließlich bereit, mit Cornelias Mutter zu sprechen.
„Cornelia ist sehr traurig!" sagt die Mutter. „Sie weint und hat mich so lange gebettelt, bis ich zu dir gekommen bin!"
„Warum ist sie nicht selbst gekommen?" fragt Sandra.
„Sie getraut sich nicht mehr, weil du im Kindergarten nichts mehr von ihr wissen wolltest. Aber ihr seid doch Freundinnen!"
„Wir waren Freundinnen!" sagt Sandra leise und merkt, daß es ihr innendrin sehr weh tut.
„Sie hat dich ausgelacht!" sagt Cornelias Mutter.
Sandra nickt und kämpft mit den Tränen.
„Du weißt doch, daß sie über alles lachen muß!" versucht die Mutter zu erklären. „Sie ist so albern. Und hinterher tut es ihr manchmal leid. Sie sagte, es sei so lustig gewesen."
„Für mich war das nicht lustig!" sagt Sandra.
„Jetzt ist es für Cornelia auch nicht mehr lustig!", meint die Mutter.
„Jetzt ist sie so traurig, daß sie nur noch weint, seit sie aus dem Kindergarten nach Hause gekommen ist. Sie will auch gar nichts essen."
Da hat Sandra plötzlich Mitleid mit Cornelia. Sie weiß ja auch, wie schlimm es ist, wenn man plötzlich lachen muß und andere sich darüber ärgern.
„Sag ihr...", beginnt sie zögernd, „wenn sie Lust hat, kann sie noch ein bißchen zu mir kommen!"
Als dann Cornelias Mutter geht, nimmt sich Sandra vor, zuerst noch ein bißchen böse zu sein, aber nur ein bißchen. Aber dann will sie versuchen, alles zu vergessen. Schließlich ist Cornelia ihre beste Freundin.

Rolf Krenzer, aus R. Krenzer: „Glauben erlebbar machen", Verlag Herder, Freiburg

Streitigkeiten untereinander gibt es immer. Wichtig ist aber, daß danach ein Weg zur Versöhnung gefunden wird. Die Kinder können von Streitigkeiten erzählen, die sie selbst erlebt haben, aber auch davon, wie es wieder zu einer Versöhnung gekommen ist.
Im Rollenspiel lassen sich Situationen, die zu Streitigkeiten führen, darstellen, aber auch Lösungen finden.

Er hat es später wieder gesagt

Ganz ärgerlich und böse kommt Jens nach Hause.
Er ist so böse auf Torsten, daß er nie mehr mit ihm spielen will.
Niemals wieder!
„Aber Torsten ist doch dein bester Freund!" sagt die Mutter.
„Und Freunde müssen sich auch wieder gut werden!"
Es dauert lange, bis sie Jens dazu bringt, daß er erzählt, was passiert ist.
„Der Torsten ist nicht mehr mein Freund!" sagt er immer wieder.
Und dann erfährt die Mutter, was geschehen ist.
In der Schule hat Torsten zu Hassan „Knoblauchstinker" gesagt.
Alle haben es gehört.
Und Hassan ist sehr böse geworden, weil er so von Torsten beschimpft wurde.
Frau Hellwig hat es auch gehört.
Sie hat den Arm um Hassan gelegt und ihn beruhigt.
Ellen ist Hassans Freundin. Sie hat gesagt, daß sie sich mächtig über Torsten ärgert, weil er so gemeine Sachen zu Hassan sagt.
„Ich bin kein Stinker!" hat Hassan gesagt und dabei geweint.
Hassan ist auch Jens Freund. Sie spielen oft zusammen. Besonders dann, wenn in der Gruppe mit den vielen Bausteinen große Hochhäuser, Flughäfen, Tankstellen und ganze Städte gebaut werden sollen.
Er kann Torsten nicht verstehen. Denn sonst spielt Torsten immer mit. Jens hat gedacht, Torsten wäre auch Hassans Freund.
„Mein Vater sagt das auch!" hat Torsten sich verteidigt.
Da hat Frau Hellwig erklärt, daß manche Erwachsene manchmal auch etwas falsch machen. Sie hat aber auch gesagt, daß sie nicht glaubt, daß Torstens Vater das wirklich so gesagt hat.
Da ist Torsten noch böser geworden.
Er hat sich schweigend alles angehört.
Und als Frau Hellwig ihm sagte, er solle dem Hassan die Hand geben und nicht mehr so böse zu ihm sein, da hat er es getan.
Aber er hat Hassan nicht angeschaut. Er hat unter sich geguckt, und seine Augen waren ganz böse.
Aber später, als sie nach Hause gingen, da hat er es wieder gesagt.
Immer wieder!
Er hat es so laut geschrien, daß es jeder auf der Straße hören konnte.
So! Und deshalb ist Torsten nicht mehr sein Freund.
Und deshalb will Jens nicht mehr mit ihm spielen.
Nie mehr!
Und er weint, weil ihm das so weh tut.

Rolf Krenzer, aus R. Krenzer: Ich wünsch' dir einen guten Tag, Lahn-Verlag, Limburg.

Gesprächsimpulse

Wie kann es weitergehen? — Was kann Jens tun? — Ob die Mutter ihm helfen kann? — Was würdest du tun, wenn du Torsten wärst? — Was würdest du tun, wenn du Hassan wärst?
Der Text kann auch Anstoß zu einem Rollenspiel sein, in dem die Kinder aufgefordert werden, nicht mit der Geschichte zu enden, sondern weiter zu spielen, so daß mögliche Lösungen im Spiel erprobt werden können. Mögliche Hinweise auf das Gleichnis vom barmherzigen Samariter oder die Legende vom heiligen Martin.
Thematik: Zusammenleben mit Gastarbeiterkindern; erleben, daß einem anderen weh getan wird; Reaktion auf solch Erleben; Verständnis für den anderen; Freundschaft, Zuneigung, Liebe, aber auch Enttäuschung über einen Freund... Vorurteile können zu Streit, ja, auch zum Krieg führen.

Warum der Fastnachtsprinz an Fastnacht weinen mußte

Niko ist so böse auf seine Mutter, daß er mit den Tränen kämpft.
„Warum darf ich nicht als Sheriff zur Fastnachtsfeier gehen?"
„Kein Mensch hat etwas dagegen!" meint die Mutter. „Du nimmst deinen Sheriffhut und den Stern."
„Aber ohne Pistolen gehe ich nicht!"
„Nein! Pistolen oder Gewehre gibt es nicht. Auch nicht an Fastnacht!"
Die Mutter ist unerbittlich.
„Es sind doch nur Wasserspritzpistolen!" bettelt Niko. „Und ich habe sie von meinem eigenen Taschengeld gekauft. Da kannst du sie mir nicht verbieten!"
Die Mutter schweigt.
„Wenn du Angst hast...", versucht es Niko noch einmal, „fülle ich sie auch nicht mit Wasser! Ehrenwort! Ich spritze keinen!"
Niko hält der Mutter seine ausgestreckte Hand hin.
Aber seine Mutter schlägt nicht ein.
„Krieg ist das Allerschlimmste, was es auf der Welt gibt!" sagt sie leise. „Und Pistolen gehören genauso dazu. Mit Pistolen werden Menschen getötet. Kinder, Erwachsene, alte Menschen, Jungen und Mädchen..."
„Aber doch nicht mit Spritzpistolen!" jammert Niko.
„Nein, auch Spritzpistolen gehören dazu!" sagt die Mutter bestimmt. „Sie sind wie Spielzeugpanzer. Sie sind Kriegsspielzeug. Du richtest sie auf andere Menschen und spielst Krieg."
Niko kann es nicht fassen, daß seine Mutter so hart bleibt. Sonst ist sie immer umzustimmen.
„Wir haben dir noch nie solches Kriegsspielzeug gekauft. Deshalb will ich auch nicht, daß du die Pistolen nimmst!" erklärt die Mutter.
„Und Vati?"
„Nein, Vati will es auch nicht! Geh doch als Zauberer oder als Zwerg!"

Niko spürt, wie die Wut in ihm hochsteigt. Er ist doch schließlich kein kleines Kind mehr.
„Dann gehe ich eben als Bankräuber!" sagt er trotzig.
„Aber auch ohne Pistolen!" sagt die Mutter und muß ein bißchen lachen.
Das ärgert Niko noch mehr.
„Und was wird Gerd sagen?" fragt er lauernd. „Wir wollten beide als Sheriff gehen. Und seine Eltern erlauben es ihm bestimmt. Die sind nicht so rückständig wie..."
Er verkneift sich den Rest.
„Geh doch als Fastnachtsprinz!" meint die Mutter. „Ich suche dir schöne Sachen aus dem Schrank heraus. Ein Fastnachtsprinz ist etwas ganz Besonderes!"
Weil Niko ihr nicht antwortet, geht sie schließlich aus dem Zimmer.
„Du kannst es dir ja noch überlegen!" sagt sie beim Hinausgehen. „Ich lege dir jedenfalls die Sachen auf dein Bett. Wir haben sogar eine richtige Krone. Die habe ich früher einmal als Prinzessin getragen!"
Sie sieht nicht, daß Niko beide Arme auf den Tisch stützt und immer mehr mit seinen Tränen kämpft. Er schluckt und schluchzt, und dann muß er so weinen, weil nun all das, was er sich gewünscht hat, nicht in Erfüllung geht. Er versteht es nicht, daß seine Mutter ihm diesen Spaß nicht gönnt. Und ein Sheriff ohne Pistolen ist kein Sheriff. Das weiß schließlich jeder. Nur zu dumm, daß Niko bei seinem Freund heute morgen so angegeben hat. Gerd war auch dabei, als er sich die Pistolen im Spielzeugladen kaufte. Und jetzt? Wie soll er ihm erklären, daß seine Mutter ihm den ganzen Spaß verdorben hat?
Natürlich will Niko auch keinen Krieg. Aber mit Spritzpistolen kann man nicht in den Krieg ziehen!
Niko versteht die Welt nicht mehr. Er ist so enttäuscht. Da will er lieber überhaupt nicht zu der Fastnachtsfeier gehen. Als es an der Haustür schellt, geht er gar nicht hin. Soll Mutter doch Gerd sagen, daß er nicht mitkommt. Aber da stürmt Gerd schon die Treppe hoch.
Niko traut seinen Augen nicht, als er den Wichtelmann da vor sich stehen sieht. Mit roter Zipfelmütze und mit einem Wattebart sieht er wirklich nicht nach einem Sheriff aus.
„Du wolltest doch als Sheriff gehen?" fragt er und läßt seinen Mund noch lange offenstehen.
Gerd winkt ab.
„Weißt du, ich habe so rückständige Eltern!" sagt er schlicht. „Die geben mir doch nicht die Pistolen!"
Er seufzt. Dann fügt er hinzu: „Aber ich lasse mir doch von denen nicht den Spaß verderben! Und als Wichtelmann kommt bestimmt sonst niemand!"
Er drängt Niko, der noch immer wie ein Klotz vor ihm steht und ihn anstarrt.
„Nun los! Zieh du wenigstens dein Sheriffkostüm an!"
„Wenn du keine Pistolen kriegst, gehe ich auch nicht als Sheriff!" sagt Niko.

„Ich gehe als Fastnachtsprinz! Das ist schließlich auch etwas!"
Er läuft in sein Zimmer.
Und Gerd ist so richtig froh und dankbar, daß er einen so guten Freund hat, der aus lauter Freundschaft zu ihm auch nicht als Sheriff geht. Und er hat sich doch extra heute morgen noch zwei Pistolen gekauft!

Rolf Krenzer, aus R. Krenzer: Ich wünsche dir ein gutes Jahr, Lahn-Verlag, Limburg. Textrechte beim Autor.

Mit dem Text wird ein Thema angesprochen, das immer wieder zu neuen Auseinandersetzungen führen kann, weil gerade solch aggressives Spielzeug einen sehr hohen Aktionsanreiz beinhaltet. Trotz der verschiedenen Versuche bleibt die Mutter hart, eben, weil Krieg und Tod zu ernst und schlimm sind, um sie auf der Ebene des Spiels auszuprobieren. Bestimmt hat Niko zu diesem Zeitpunkt die Argumente seiner Mutter nicht akzeptiert. Aber er erfährt durch das Verhalten von Gerds Eltern, daß seine Eltern mit ihrer Meinung nicht allein stehen, daß vielleicht viele Erwachsene so denken wie seine Eltern.

Gesprächsimpulse

Gründe für die Argumente der Mutter suchen. — Gründe für das Kriegsspielzeug suchen — Gründe dagegen suchen.
Zusammenstellen, welches Kriegsspielzeug den Kindern bekannt ist, was sie selbst besitzen, ausprobiert haben oder sich wünschen. Überlegen, warum das Kriegsspielzeug für viele so interessant ist, auch für Erwachsene.
Spiele einsetzen, die vom guten Zusammenleben handeln, z. B. Gemeinschaftspiele, bei denen alle gewinnen oder verlieren können, Spiele ohne Sieger.

Wie aller Streit in der Welt anfing

Zwei Brüder wollten Gott loben und danken.
Zwei Brüder wollten Gott ein Opfer bringen.
Beide waren Söhne von Adam und Eva.
Abel war ein Hirte und hütete die Schafe.
Kain war ein Bauer und arbeitete täglich auf den Feldern.
Da brachte Kain Gott zum Opfer, was er auf den Feldern geerntet hatte: Getreide, Rüben, Äpfel und Birnen und vieles mehr.
Und Abel schlachtete zwei junge Schafe und brachte Gott die besten Teile davon zum Opfer.
Kain baute einen Altar aus Steinen. Auch Abel baute einen Altar. Und beide schichteten Brennholz auf ihre Altäre und zündeten das Holz an. Dann legten sie ihre Opfergaben für Gott darauf.
Sie knieten nieder und beteten.
Doch Gott nahm nur Abels Opfergaben an. Kain sah es ganz deutlich, denn der Rauch aus Abels Feuer stieg hoch und immer höher.

Der Rauch aus Kains Feuer aber stieg nicht hoch. Das Feuer verqualmte, und der Rauch blieb unten auf dem Boden.
Da war Kain neidisch auf seinen Bruder.
Aus seinem Neid wurden Haß und Wut.
Er war so böse, weil Gott Abels Opfergaben angenommen hatte und seine nicht.
So kam es, daß Kain am Ende auf seinen Bruder losging.
Weil Kain glaubte, daß Gott seinen Bruder lieber hatte als ihn selbst, fiel er über seinen Bruder her und schlug ihn tot.
Und dann fragte Gott plötzlich den Kain: „Wo ist dein Bruder Abel?"
Und Kain?
Er erschrak und wußte nicht mehr aus und ein. So sagte er schließlich zu Gott: „Wie soll ich das wissen? Ich kann nicht ständig auf meinen Bruder aufpassen!"
Aber Gott ließ sich nichts vormachen von Kain. „Warum hast du das getan?" fragte Gott. Gott wußte alles. Und der Acker war noch voll Blut. Blut war dort, wo Kain seinen Bruder erschlagen hatte.
Da verfluchte Gott den Kain. Gottes Zorn war so groß, daß Kain vor ihm davonlief. Er verließ seine Felder. Er flüchtete aus seiner Heimat. Gott machte Kain ein Zeichen auf die Stirn. So konnte ihn jeder erkennen, wohin er auch kam.
Der Streit mit seinem Bruder hatte Kain nur Leid gebracht. Er hatte seinen Bruder verloren. Er hat nie wieder eine Heimat gefunden. Er hatte Gottes Liebe verloren.

Nach Genesis 4, nacherzählt von Rolf Krenzer

Hierzu Lied, Seite 197 und Streitlied, Seite 194

Für den Frieden schweigen

Ob Boris heute nachmittag zu Tante Monika will? Mutti will sich mit Leuten auf dem Marktplatz treffen. Während der Friedenswoche wollen sie um fünf Uhr eine Stunde lang im Kreis zusammenstehen und für den Frieden schweigen.
Boris besucht sehr gern Tante Monika, aber nicht heute. Nein, heute will er mit Mutti gehen. Er kann sich nicht vorstellen, daß man eine ganze Stunde zusammenstehen kann und nichts sprechen.
Er bettelt so lange, bis er mitdarf.
Aber er muß Mutti versprechen, ganz nahe bei ihr zu bleiben und nichts zu reden. Das wird schwer werden. Doch Boris nimmt sich fest vor, seine Mutter nicht zu enttäuschen.
„Warum tust du das?" fragt er unterwegs. „Für den Frieden schweigen?"
„Unsere Welt ist so laut geworden", sagt seine Mutter. „Überall werden neue Bomben und Raketen gebaut. Überall in der Welt. Und hier bei uns ha-

ben sie Raketen gelagert. Alles ist für den Krieg gerüstet. Und weil wir keinen Krieg mehr wollen, müssen wir viele Menschen darauf aufmerksam machen. Deshalb treffen sich während der Friedenswoche viele Menschen. Sie stellen sich zusammen, geben sich die Hände und schweigen für den Frieden. Viele Leute beten auch für den Frieden."
„Nützt das etwas?"
„Alles nützt, was dem Frieden dient!" sagt Mutti. „Die Leute, die an uns vorübergehen, merken, daß wir für den Frieden schweigen. Sie wissen es alle. Manchmal bleiben einige stehen und stellen sich zu uns.
Unsere Welt ist so laut geworden. Die Kriegsflugzeuge donnern über uns hinweg, jedes Jahr fahren die Soldaten mit Panzern und Gewehren ins Manöver. Sie proben den Krieg. Wir wollen durch unser Schweigen allen deutlich machen, daß es keinen Krieg geben darf und daß wir in Frieden mit allen Menschen leben wollen. Wir wollen in keinem Volk und in keinem Menschen einen Feind sehen."
Als Boris mit seiner Mutter zum Markt kommt, stehen dort bereits viele Leute im Kreis zusammen. Sie haben sich an den Händen angefaßt und machen bereitwillig Platz, so daß sie sich noch dazustellen können. Ein junger Mann streckt Boris seine Hand hin.
Boris blickt sich im Kreis um. Es sind viele Leute hier zusammengekommen, Frauen und Männer, alte und junge Leute. Alle blicken ernst und schweigend vor sich hin. Alle halten sich an den Händen. Boris drückt ganz heimlich die Hand seiner Mutter, und sie drückt ebenso heimlich und herzlich zurück.
Eine Stunde ist sehr lang. Bereits nach fünf Minuten meint Boris, die Stunde müßte längst herum sein.
Es kommen viele Leute an ihnen vorbei. Boris hört, daß sich zwei Männer über die Leute, die hier im Kreis schweigend zusammenstehen, lustig machen. Jemand schimpft sogar laut. Aber eine alte Frau, die hinzugekommen ist, stellt sich auch mit in den Kreis. Sie stellt ihre vollbepackte Einkaufstasche einfach neben sich. Vom Kirchturm her läutet es. Eine halbe Stunde ist also herum. Es sind noch mehr Leute mit in den Kreis gekommen.
Und wirklich, keiner von ihnen spricht ein Wort. Auch dann nicht, wenn jemand irgendwelche böse Bemerkungen über sie macht.
„Sie schweigen für den Frieden! Als ob das etwas nützt!" sagt eine junge Frau ganz laut zu dem Mann an ihrer Seite.
Es nützt alles, was dem Frieden dient! Boris erinnert sich an das, was seine Mutter vorhin gesagt hat.
Es ist ein großer Kreis von Menschen geworden. Und viele Leute stehen um sie herum, schauen zu, beobachten, ohne selbst in den Kreis hineinzugehen.
Als die Schweigestunde vorbei ist, wendet sich der junge Mann an seiner Seite Boris zu. Er drückt ihm noch einmal fest die Hand, bevor er sie löst. „Ich heiße Knut!" sagt er und lächelt Boris zu. „Ich hätte dir nicht zugetraut, daß du so lange mit uns hier zusammenstehen kannst."

„Ich auch nicht!“ sagt Mutti und streicht ihrem Jungen stolz über das Haar. „Schließlich komme ich bald zur Schule!“ sagt Boris. Und er nimmt sich ganz fest vor, Mutti und Vati nicht mehr zu drängeln, daß sie ihm doch den großen Spielzeugpanzer schenken. Vorige Woche hat er noch geweint, weil sie es ganz strikt abgelehnt haben, ihn für Boris zum Geburtstag zu kaufen. Dabei wollte er nichts anderes als diesen Panzer, der elektrisch angetrieben wurde und sogar richtige Schießgeräusche machen konnte.
„Ich habe es mir überlegt!“ sagt er beim Heimweg. „Ich wünsche mir etwas ganz anderes zum Geburtstag!“
„Was denn?“ fragt seine Mutter.
„Weiß ich noch nicht!“ meint Boris. „Aber keinen Panzer!“

Rolf Krenzer

Der Text bietet Impulse für ein Gespräch über Manöver, über Rüstung und über viele mit Kriegsführung zusammenhängende Berichte, die Kinder täglich im Fernsehen zu sehen bekommen. Hier werden Menschen vorgestellt, die für den Frieden schweigen.
Wir können darüber sprechen, warum sie das tun. Wir können auch selbst in den Kreis treten, uns die Hände reichen, gemeinsam beten oder für eine kurze Zeit ganz still werden. Wir können auch ein Lied singen, das vom Frieden erzählt, zum Beispiel „Ich gebe dir die Hände“ (Seite 201) oder „Ich sage dir Schalom“ (Seite 204).

Mitten im Frieden

Mitten im Frieden waren die Soldaten mit ihren schweren Panzern in das Dorf gekommen.
Mitten im Frieden hatten sie einen Panzer auf dem Feldweg abgestellt, den Petra aus dem Schlafzimmerfenster sehen konnte.
Mitten im Frieden hatten sie die Geschütze auf das Haus gerichtet, in dem Petra und Kai mit ihren Eltern wohnten.
„Es ist nur Manöver!“ hatte Petras Vater gesagt. „Sie schießen nicht wirklich!“
Aber Petra und Kai hatten solche Angst, daß sie nicht im Schlafzimmer schlafen wollten. Sie hatten solche Angst, daß sie überhaupt nicht einschlafen konnten. Die ganze Nacht über hatten sie solche Angst, daß Mutti und Vati sie endlich zu sich in ihr Bett nahmen.
Und als mitten in der Nacht der Panzer davonfuhr, weinte Petra so, daß ihre Mutter sie kaum beruhigen konnte.

Seitdem hat Petra jeden Abend Angst, daß der Panzer wiederkommt.
Seitdem kann Petra abends nicht mehr gut einschlafen.
Seitdem müssen Vati oder Mutti jeden Abend solange an Petras Bett sitzen, bis sie eingeschlafen ist.
Manchmal schreit Petra mitten in der Nacht auf.

„Sie machen alles kaputt!“ sagt Kai und denkt an die riesigen Panzerkettenspuren im Acker.
Sie sind immer noch zu sehen. Und die Saat ist vernichtet.
Mitten im Frieden.

Rolf Krenzer, aus R. Krenzer: Habt acht auf Gottes Welt, Lahn-Verlag, Limburg. Textrechte beim Autor.

Der Text, der einen authentischen Inhalt bietet, macht deutlich, daß die Angst nicht vor Kindern haltmacht. Aber wenn wir darüber schweigen, wird die Angst nur noch größer. Deshalb müssen wir darüber sprechen, wie wir die Angst überwinden können. Aber auch darüber, daß viele junge Männer den Wehrdienst verweigern und stattdessen ihren Zivildienst in Krankenhäusern, beim Roten Kreuz, in Alters- und Pflegeheimen usw. ableisten.
Petra sucht Schutz bei ihren Eltern.
Und ihre Eltern? Vielleicht beten sie zu Gott, zusammen mit Petra und Kai, daß er ihnen in ihrer Angst hilft.

Kommt, wir spielen Frieden!

Kommt, wir spielen Frieden!
Wißt ihr, wie das geht?
Keiner darf mehr hauen,
lügen und mißtrauen,
kratzen, spucken, treten,
schlecht von andren reden,
weil er sonst verliert.
Habt ihr das kapiert?

Kommt, wir spielen Frieden!
Fangen wir gleich an:
Wer mag andre leiden?
Wer gibt nach beim Streiten?
Wer kann ohne Zucken
seinen Zorn verschlucken,
auch wenn's kracht und funkt?
Der kriegt einen Punkt!

Renate Schupp, aus R. Schupp: Kommt, wir spielen Frieden, Mitmach-Büchlein 5, Verlag Ernst Kaufmann, Lahr

Das Märchen vom Spielzeugkrieg

Im Kinderzimmer stand das herrlichste Spielzeug herum, was man sich nur denken konnte. Da konnte man einen Brummkreisel entdecken, einen Clown, einen Hampelmann, einen Stehaufmann, ein paar niedliche Puppen und ein riesiges Postauto.
Abends, wenn die Kinder schliefen, wurde das Spielzeug lebendig. Da konn-

te man die Puppen miteinander sprechen hören. Der Brummkreisel brummte fröhlich, der Hampelmann hampelte, der Clown erzählte einen Witz nach dem anderen, und das Postauto fuhr kreuz und quer durch das Zimmer und brachte jedem Briefe und Pakete. Aber eines Tages war die nächtliche Freude im Kinderzimmer vorbei. Da standen nämlich plötzlich ein Spielzeugpanzer und eine kleine Kanone, die richtig knallen konnte.
Peter hatte Geburtstag gehabt. Da waren die beiden neuen Spielsachen hinzugekommen.
Als alles Spielzeug mitten in der Nacht erwachte, als die Puppen zu sprechen anfingen und der Clown Witze erzählte, als der Brummkreisel brummte und Hampelmann hampelte und als das Postauto gerade seine Runden durch das Zimmer drehen wollte, ertönte plötzlich ein furchtbares: „Stillgestanden!"
Die Spielsachen wußten überhaupt nicht, was das zu bedeuten hatte. Sie waren etwas verwirrt. Im Zimmer wurde es ganz still. Endlich startete das Postauto wieder. Doch es hatte kaum ein paar Zentimeter an Fahrt gewonnen, da ertönte ein furchtbarer Knall. Das Postauto sprang plötzlich hoch in die Luft, überschlug sich und blieb endlich umgekippt mit den Rädern nach oben im Zimmer liegen.
„So geht es allen, die uns nicht gehorchen!" ertönte wieder die schreckliche Stimme. Und da wagte sich keiner mehr zu rühren.
Jetzt sahen auch alle, daß aus dem Panzer ein Spielzeugsoldat geklettert war. Er trug ein Gewehr im Anschlag und schaute sich feindselig nach allen Seiten um.
„Hände hoch!" schrie er jetzt.
Da hoben die Puppen entsetzt die Hände. Der Hampelmann breitete die Arme so weit auseinander, wie er nur konnte.
Und der Stehaufmann kippte zur Seite und blieb so liegen.
„Hände hoch!" schrie der Soldat böse und richtete sein Gewehr auf den Hampelmann. Doch der Hampelmann konnte seine Arme nur weit nach beiden Seiten ausstrecken. Nach oben ging es nicht. Das weiß jeder, der einen Hampelmann in seinem Spielzimmer hat. Nur der Soldat wußte es nicht. Er hatte sich noch nie näher mit einem Hampelmann befaßt. Wie sollte er auch!
Aber er war es gewohnt, daß alle ihm gehorchten.
„Hände hoch! Oder ich schieße!" brüllte der Soldat. Und die Kanone rollte ganz nahe an den Panzer heran und richtete ihr großes Kanonenrohr ebenfalls auf den Hampelmann.
„Ich zähle bis drei!" brüllte der Soldat, und der Hampelmann versuchte verzweifelt, seine Hände nach oben zu werfen. Er hampelte mit beiden Armen und Beinen. Aber es war aussichtslos. Er schaffte es nicht.
„Eins!" sagte der Soldat.
„Zwei!"
Bevor er aber „Drei!" sagen konnte, ertönte plötzlich im Zimmer ein lautes und durchdringendes Brummen, das immer mehr anschwoll.

„Alarm!“ brüllte der Soldat und warf sich auf den Boden.
Die Kanone aber drehte sich nach allen Seiten um, bereit, den Feind sofort zu erschießen, wenn er sich nur sehen ließe. Aber da war kein Feind zu entdecken. Nur das Brummen wurde noch lauter und unheimlicher.
Die Puppen, der Clown, der Hampelmann und der Stehaufmann aber wußten genau, woher das Brummen kam. Allerdings hatte der dicke Brummkreisel sonst immer viel freundlicher und lustiger gebrummt.
Auch die Kanone erkannte jetzt, woher das Brummen kam. Sie wendete sich dem Brummkreisel zu und war bereit, sofort loszuknallen. Doch bevor sie dazu kam, begann sich der Brummkreisel immer schneller zu drehen. Er sprang so schnell durch das Zimmer, daß die Kanone ihn nicht ins Schußfeld bekam. Und dann machte er einen gewaltigen Hopser und sprang mitten auf die Kanone drauf, so daß sie platt gedrückt wurde.
Noch ein Hopser, und der Spielzeugsoldat war ebenso platt wie die Kanone. Und dem Panzer ging es nicht besser.
Und dann machte der Brummkreisel einen ganz hohen Piepser, schnaufte ganz schwer und fiel völlig erschöpft um.
„Sie sind kaputt!“ jubelten die Puppen.
„Aber das Material ist noch da, aus dem sie gemacht wurden. Und aus dem Material können immer wieder neue Panzer, Kanonen und Soldaten gemacht werden“, sagte der Hampelmann leise. „Es müßte denn ein Wunder geschehen!“
Da fiel dem Clown der Zauberer ein, den Peter auch zum Geburtstag bekommen hatte.
Er war hier bei ihnen gewesen. Peter hatte mit ihm gespielt. Aber dann hatte er ihn mit in sein Bett genommen! Er hatte ihn so fest im Arm, daß sich der Zauberer nicht rühren konnte. Aber vom Bett aus hatte er alles gesehen, was passiert war. Nur Peter hatte nichts bemerkt. Peter hatte fest geschlafen.
Da kletterte der Clown ganz vorsichtig zu Peter ins Bett und kitzelte ihn ein bißchen an der Nase. Peter mußte niesen und ließ für einen winzigen Augenblick seinen Zauberer los.
Das genügte schon. Schon stand der Zauberer mitten im Zimmer und sah sich das kaputte Kriegsspielzeug an.
„Sie können nichts dafür!“ sagte er. „Die Menschen haben das aus ihnen gemacht. Sicher wären sie viel glücklicher, wenn sie keine Kanone und kein Panzer und kein Soldat geworden wären!“
Und der Zauberer hob seine Hände hoch, sagte dreimal „Simsalabim!“ und verzauberte alle drei auf einmal in einen wunderschönen Abschleppwagen.
Ehe sich alle recht versahen, stand der Abschleppwagen da. Und dann fuhr er los und kümmerte sich sogleich um das Postauto, das immer noch auf dem Rücken lag.
Ein kleiner Helfer stieg aus. Und es dauerte gar nicht lange, da war das Postauto abgeschleppt und stand wieder auf seinen Rädern.
Dann schleppte der Abschleppwagen den Brummkreisel ab. Und wirklich,

schon bald brummte der Brummkreisel so lustig und fröhlich wie immer. Und weil sie alle so glücklich waren, daß alles so gut ausgegangen war, hupte das Postauto, brummte der Brummkreisel, lachte der Clown und schwatzten die Puppen so laut, daß Peter in seinem Bett davon wach wurde. Er rieb sich die Augen, knipste das Nachtlicht an, und das Spielzeug erstarrte.
Als er aber dann den herrlichen Abschleppwagen entdeckte, da schrie er vor Freude laut auf, nahm ihn vorsichtig in seine Hände, trug ihn in sein Bett und legte den Arm um ihn. Und mit dem Abschleppwagen im Arm schlief er gleich darauf wieder ein. Der Abschleppwagen aber war so schön und machte so viel Spaß, daß Peter das Kriegsspielzeug vergessen hat.
Ob dabei der Zauberer auch ein bißchen mitgeholfen hat?

Rolf Krenzer

Lieder, Tänze und Spiele

Wir wolln den Kranz binden volkstümlich

Wir wolln den Kranz lösen,
so lösen wir den Kranz:
bei der Anna, hübsch und fein,
soll der Kranz gelöset sein.

Wir gehen im Kreis herum und halten uns an den Händen. Wer mit Namen genannt wird, läßt kurz die Hände seiner Nachbarn los, kreuzt die Arme übereinander und faßt so seine beiden Nachbarn links und rechts wieder an.
Die erste Strophe wird so oft wiederholt, bis alle Kinder aufgerufen sind. Später kann dann der Kranz wieder zu den folgenden Strophen aufgelöst werden.

Weitere Möglichkeit:

Wir wolln den Kranz flechten.
So wird der Friedenskranz.
Peter, du bleibst nicht allein!
Komm mit in den Kreis hinein.

Zuerst sind es nur zwei, die sich anfassen oder mit gekreuzten Armen langsam im Kreis herumgehen. Zu jeder Strophe kommt ein Kind hinzu. Wenn es sehr viele sind, können wir auch in zwei oder mehreren Reihen hintereinander gehen.

Streit, Streit, Streit...

2. Streit, Streit, Streit.
Es ist sehr schnell soweit.
Wenn zwei sich nicht vertragen,
wenn sie sich Böses sagen
und endlich gar noch schlagen...
Ja, dann ist es soweit:
Nichts als Streit, Streit, Streit!

3. Streit, Streit, Streit.
Es ist sehr schnell soweit.
Keiner will unterliegen,
den andern nur besiegen.
Und so kommt es zu Kriegen...
Ja, dann ist es soweit:
Nichts als Streit, Streit, Streit!

4. Seid euch gut!
Bezwingt doch eure Wut!
Laßt es damit bewenden.
Laßt uns den Streit beenden,
faßt fest euch an den Händen,
bezwingt doch eure Wut!
Seid euch wieder gut!

Text: Rolf Krenzer, Melodie: Ludger Edelkötter, aus Bibl. Spiellieder zum Misereor-Hungertuch aus Haiti, Impulse Musikverlag, 4406 Drensteinfurt

Wir stehen im Kreis und geben uns die Hände. Wenn es „Streit, Streit" im Lied heißt, bilden wir Paare, die mit Gesten heftig miteinander streiten und am Ende mit wütenden Gesichtern Rücken an Rücken stehenbleiben.
Bei „Seid euch gut" drehen wir uns wieder um, blicken den anderen freundlich an, lachen, geben uns die Hände und umarmen uns herzlich.
Das Lied kann auch mit dem folgenden Lied „Miteinander sprechen" eine Einheit bilden. Hierzu lösen wir den Kreis auf, gehen immer wieder zu anderen Partnern, geben ihnen die Hände, legen den Arm um sie, gehen ein Stück gemeinsam und wechseln wieder die Partner.

Miteinander sprechen

4. Wenn wir uns vertragen,
braucht keiner sich zu schlagen,
sich nicht zu bekriegen
und nicht im Kampf zu siegen.

5. Und es gibt ab heute
dann viel mehr frohe Leute.
Laßt uns mal was wagen
und uns heut gut vertragen.

Text: Rolf Krenzer, Melodie: Peter Janssens, aus Liedheft und MC „Ich schenk' dir einen Sonnenstrahl", Peter Janssens Musikverlag, 4404 Telgte

Streit und Versöhnung

Vorschläge für Rollenspiele

Zwei Kinder. Einer tritt dem anderen auf den Fuß. Was passiert jetzt? Was sagt das eine Kind, was das andere? Wenn sie sich böse Worte sagen, streiten, wie kann es wieder zur Versöhnung kommen?
Alles kann im Spiel erprobt werden.

Wir stehen uns gegenüber und sagen dem anderen ein Schimpfwort (Affe, blöder Hund usw.) Aber wie geht es weiter? Immer ein Paar stellt im Spiel dar, wie es wieder zur Versöhnung kommt (Hand geben, entschuldigen, Situation klären usw.) Anschließend sprechen wir darüber, was uns gefallen hat und wie wir es selbst machen würden.

Kain und Abel (zu Genesis 4,1-16)

2. Von zwei Brüdern wolln wir singen,
die dem Herrn ein Opfer bringen.
Nur das Beste soll es sein!
Abel und sein Bruder Kain.

3. Kain bringt von dem Feld Getreide,
Abel Lämmer von der Weide.
Und sie knien und beten dann:
„Herr, nimm unser Opfer an!"

4. Als die Opferfeuer brennen,
da muß Kain mit Neid erkennen:
Gott ist Abel zugetan.
Er nimmt Abels Opfer an.

5. Doch die besten Opfergaben
will der Herr von Kain nicht haben.
Kain wird böse voller Neid.
Und am Ende gibt es Streit.

6. So hat es sich zugetragen.
Kain hat Abel totgeschlagen.
„Soll ich", sagt zu Gott dann Kain,
„meines Bruders Hüter sein?"

7. Arm und einsam auf den Straßen
wandert Kain, von Gott verlassen.
Es begann mit Neid und Streit.
Und am Ende war das Leid.

Text: Rolf Krenzer, Melodie: Hans-Werner Clasen, aus R. Krenzer (Hrsg.): Regenbogen bunt und schön, Verlag Ernst Kaufmann, Lahr und Kösel-Verlag, München

Hierzu Text Seite 186

Weißt du, wann fängt der Frieden an?

Weißt du, wann
fängt der Frieden an?
Wann, ja, wann?
wenn einer den anderen
drücken
kitzeln
trösten kann...

wenn einer dem anderen
winken kann
gut sein kann...
wenn einer dem andern
vergeben kann...

wenn einer den andern
versöhnen kann...

wenn einer den anderen
leiden
lieben kann...

wenn einer mit anderen
weinen
beten
danken
loben
lachen
froh sein kann...
Dann, ja, dann!

Der Text fordert direkt zum Umsetzen, zum Tun auf.

Menschenbrückenlied

2. Wir reichen uns die Hände dann
und können sicher sein:
Faßt einer nur den andern an,
ist keiner mehr allein.

3. Wir stehn nicht mehr alleine hier,
und jeder spürt es bald:
Auf beiden Seiten finden wir
im andern unsern Halt.

4. Fühl ich mich schwach und hoffnungslos,
so halt ich dich doch fest.
Wir werden stark, wenn einer bloß
den andern nicht verläßt.

5. Wenn so ein Stück der Angst vergeht,
weil jeder jeden schützt,
dann weiß ich, daß ein Band entsteht,
das hält und das mich stützt.

6. Wenn immer mehr zusammengehn
ist keiner mehr allein.
Der alte Bund wird so bestehn
und neuer Anfang sein.

Text: Rolf Krenzer, Melodie: Detlev Jöcker, aus Liedheft/MC „Solange die Erde lebt", Menschenkinder-Musikverlag, Münster

Ein Kreislied, das gegen die Angst und gegen all das, was um uns herum geschehen kann, gesungen wird.
Wir nehmen uns an den Händen, legen die Arme um die Schultern, gehen eng bis zur Mitte des Kreises zusammen und wieder auseinander. Wir schreiten im Kreis, tanzen, laufen schnell, wobei wir uns gegenseitig stützen.
Zum Schluß drehen wir uns um, so daß wir nach außen sehn. Wir fassen uns an den Händen, lassen sie dann los, um denjenigen, die vor uns stehen, die Hände zu reichen und sie mit in den Kreis hineinzuführen. So wird der Kreis immer größer.

Ich gebe dir die Hände

Ich gebe dir die Hände
und schau dir ins Gesicht.
Daß wir so ganz verschieden sind,
das stört uns wirklich nicht.
Ich gebe dir die Hände,
da kann es jeder sehn,
daß du und ich, daß ich und du,
daß wir uns gut verstehn.

Wir bauen eine Brücke
vom Mensch zum Menschen dann
mit Liebe und mit Zuversicht.
Vertraue dich mir an!
Wir halten uns die Hände
und wolln die Brücke baun,
daß du und ich, daß ich und du
einander stets vertraun.

So stark wird diese Brücke
vom Mensch zum Menschen sein.
Und wenn wir fest zusammenstehn,
dann stürzt sie niemals ein.
Wir halten uns die Hände
und wolln die Brücke baun,
daß du und ich, daß ich und du
einander stets vertraun.

Text: Rolf Krenzer, Melodie: Ludger Edelkötter, aus Spiellieder I „Ich gebe Dir die Hände".

Spielanleitung

Der hier gegebenen Fassung können noch viele weitere Strophen hinzugefügt werden, z. B.

Wir drücken uns die Hände
und schaun uns ins Gesicht.
Und daß wir so verschieden sind,
das stört uns wirklich nicht.
Wir drücken uns die Hände.
Dann kann es jeder sehn,
daß du und ich, daß ich und du,
daß wir uns gut verstehn!

oder

Wir streicheln uns die Hände...
Wir halten uns die Hände... usw.

Auch auf die unterschiedlichen Mitspieler kann durch eine geringe Veränderung der einzelnen Strophen eingegangen werden, z. B.

Die Alten und die Jungen,
die sich sonst kaum gekannt,
die sehen und erkennen sich
und stehen Hand in Hand.
Wir geben uns die Hände... usw.

oder

Die Großen und die Kleinen...
Die Schwachen und die Starken...
Die Mädchen und die Jungen...
Die Dünnen und die Dicken... usw.

Wir stehen im Kreis und zeigen mit unseren Händen auf unseren Nachbarn und lachen uns dabei an. Anschließend tanzen wir im Kreis herum. Dabei können wir uns einhaken oder an den Händen fassen.

Jeweils zwei Mitspieler bilden ein Pärchen, von denen jeweils einer die Nummer 1, der andere die Nummer 2 trägt.
Beim „Lalalala..." geht zunächst die Nummer 1 in die Kreismitte und wieder zurück, bei der Wiederholung die Nummer 2. Die anderen klatschen dazu im Takt.

Dann wird es schwieriger. Wir wollen nämlich eine große Brücke bauen, die von einem Menschen zum anderen führt.

Und das geht so:
Wieder gehen zuerst die Spieler mit der Nummer 1 bis zur Kreismitte. Dort treffen sie alle anderen Spieler, die auch die Nummer 1 haben. Sie geben sich die Hände und lassen sie auch beim Zurückgehen nicht mehr los! (Vorsicht: In keinem Fall loslassen!). Sie halten sie nur hoch, damit die Spieler mit der Nummer 2 hindurchkönnen und auch zur Mitte gehen. Auch die Spieler mit der Nummer 2 geben sich jetzt die Hände. Wenn sie zurückgehen, schlüpfen sie unter den ausgebreiteten Armen der Spieler 1 hindurch, aber auch, ohne dabei die Hände der anderen Spieler loszulassen.
Und jetzt erkennen wir, daß wir eine richtige Brücke mit unseren Armen und Händen gebaut haben, eine Brücke, die von einem zum anderen führt.
Wir gehen so angefaßt zu dem Lied langsam im Kreis herum und erleben, selbst Teil dieser Brücke zu sein.

Ich sage dir Schalom

Refrain:

Ich sage dir SCHALOM.
Das heißt: Friede sei mit dir!
Ich reiche dir die Hand,
und dann bist du nah bei mir.
Wenn wir die Hand uns geben,
wir alle groß und klein,
dann lohnt es sich zu leben,
denn dann wird Frieden sein.

Strophen:

2. Und haben wir gestritten,
und bist du bös' auf mich,
dann hör' mich an,
daß ich mich dann
dafür entschuldigen noch kann
und laß mich nicht im Stich,
und laß mich nicht im Stich!

Refrain

3. Und bin ich auf dich böse,
du, ich verspreche dir:
Ich hör' dich an,
daß du dich dann
so wie ich es bei dir stets kann
entschuldigst auch bei mir.

Refrain

Spiel mit einem Wollknäuel

Wir hocken im Kreis und rollen uns das Wollknäuel über den Boden zu, wobei der Faden abläuft. Jeder bekommt einmal das Wollknäuel und rollt es dann weiter zu einem anderen. Zum Schluß faßt jeder seine Fäden fest. Wir stehen langsam auf. Die Fäden werden gespannt, und wir alle sind miteinander verbunden. Später legen wir die Fäden wieder vorsichtig auf den Boden und wickeln das Knäuel auf.
Wir können uns das Wollknäuel auch zuwerfen, bis alle im Kreis durch die Wollfäden kreuz und quer verbunden sind.

Schalom (Friedenslied)

Refrain:

Schalom, Schalom,
Friede sei mit dir!
Schalom, Schalom,
Friede sei mit mir!

2. Sprich mit mir vom Frieden
hier in unserer Zeit.
Solange man zusammen spricht,
kommt es zu keinem Streit.

Refrain:

3. Spielt mit mir den Frieden.
Nutzt hier eure Zeit.
Ja, spielt den Frieden, nicht den Krieg,
wenn ihr zusammen seid.

Refrain:

3. Singt mit mir vom Frieden,
den uns Gott geschenkt.
Und Gottes Friede ist in euch
viel stärker als ihr denkt.

Refrain:

Text: Rolf Krenzer, Melodie: Siegfried Fietz, aus MC und LP. „Ein Regenbogen bunt und schön", Abakus-Schallplatten, 6349 Greifenstein 2

Inhalt und Thema

Friedensgruß, Friedenslied, Friedenstanz

Spielanregungen

Teilnehmerzahl: Beliebig viele.
Als zusätzliches Material können eventuell Friedenszeichen, Tücher, bunte Bänder usw. eingesetzt werden.
Zunächst beginnt eine kleine Gruppe von Kindern, Jugendlichen oder Erwachsenen und bildet einen Kreis. Bei den einzelnen Strophen bleiben sie im Kreis stehen. Beim Refrain drehen sie sich, gehen auf die anderen des kleinen Kreises zu, geben ihnen die Hand, gehen dann angefaßt im Kreis herum.
Im Verlauf des Liedes löst sich der Innenkreis auf. Die Mitspieler gehen auf die anderen im Außenkreis zu, geben ihnen die Hand, holen sie mit in den inneren Kreis hinein, so daß es beim Refrain immer mehr werden, die sich die Hände geben und im Reigentanz herumgehen. Diejenigen, die noch nicht mittanzen, klatschen dazu.
Nach und nach kommen alle dazu, so daß der Kreis immer größer wird. Es können aber auch beliebig viele Innenkreise gebildet werden. Mit bunten Bändern kann auch zu dem Lied ein großes Friedensnetz geknüpft werden, das jeden Mitspieler einbezieht.
Alle Spieler können auch zu den einzelnen Strophen ganz ungeordnet durch den Kreis gehen. Wenn das „Schalom" gesungen wird, bleiben sie vor dem

stehen, der ihnen zufällig begegnet, geben ihm die Hand, umarmen ihn, tanzen mit ihm herum, gehen ein Stück gemeinsam mit ihm weiter usw. Wenn der letzte Refrain des Liedes gesungen wird, können alle dazu in die Hände klatschen (evtl. auch die Hände über den Kopf halten und klatschen oder die Hände weit auseinander breiten.)

Kinder auf dem Erdenstern

Refrain:

Kinder auf dem Erdenstern
wolln in Frieden leben,
wollen sich die Hände gern
immer wieder geben.
Wollen keinen Streit,
keinen Krieg, kein Leid!
Kinder auf dem Erdenstern
wolln in Frieden leben.

Strophen:

2. Hört uns zu, ihr großen Leute!
Alle wissen es doch heute:
Aus Haß wird Not,
wird Krieg und Tod.
Das ist kein Spaß!
Ihr großen Leute, tut doch was!

Refrain

3. Hört uns zu, ihr großen Leute!
Alle wissen es doch heute:
Wer Liebe gibt,
wird auch geliebt.
Besiegt den Haß!
Ihr großen Leute, tut doch was!

Refrain

Text: Rolf Krenzer, Melodie: Siegfried Fietz,

Ein schönes Bild wird zerrissen, z.B. ein Poster, das eine Kindergruppe zeigt, ein Bild von einer schönen Landschaft usw.
Wir legen die Teile des zerstückelten Bildes mitten in den Kreis. Wir berichten, was wir empfinden. Es war ein ganzes Bild, ein schönes Bild. Und jetzt ist alles zerstört. Nur die einzelnen Teile sind noch zu sehen. Und die sind nicht mehr schön. Das Ganze ist zerstört. Selbst wenn wir es flicken, wird es nicht mehr so schön wie vorher. Wir erzählen, was bei uns zerstört wird, wenn wir uns streiten, ob man alles so wieder flicken kann, daß man nichts mehr sieht? Wir schauen uns Bilder, Fotos an. Vergleichen, wie Häuser, Kirchen usw. vorher aussahen, wie sie aussehen, als Menschen Krieg führten und sie zerstört wurden. Häuser kann man wieder aufbauen. Aber wie ist es mit den Menschen?

Kuschel-Song für Dorothea

Wenn Brüder und Schwestern
sich zanken und lästern,
dann sage ich ärgerlich
dazu: Nein!
Vertragt euch! Seid friedlich!
Dann wird es gemütlich
zu Hause sein!

Denn lachen und witzeln...

Wenn Eltern sich streiten,
das kann ich nicht leiden!
Dann wäre ich lieber
ganz anderswo.
Doch wenn sie sich herzen
und schmusen und scherzen,
bin ich auch froh.

Denn lachen und witzeln...

Was kann es im Leben
noch Schöneres geben:
Von Vater und Mutter
ins Bett gebracht!
Ein Lied und ein Küßchen.
Wir schmusen noch bißchen
und gute Nacht!

Denn lachen und witzeln
und kraulen und kitzeln
ist schön, so schön!
Haare verwuscheln
und schmusen und kuscheln
ist wunder-wunderschön!

Text: Rolf Krenzer, Melodie: Ludger Edelkötter, aus MC „Hast du etwas Zeit für mich?“

Methodische Anregungen

Spätestens beim ersten Haareverwuscheln im Spielkreis geht die Freude von einem zum anderen über, und es kann zum wirklichen Auskosten einer guten Stimmung kommen. Ein Lied, das als Abendlied ebenso eingesetzt werden kann wie dann, wenn nach einem Streit oder einer unangenehmen und wenig schönen Situation wieder die ersten Sonnenstrahlen hervorkommen.

Wir können auch ein Gefühlsdenkmal bauen:

Zuerst stehen wir uns wütend gegenüber — dann versöhnen wir uns.

Zum Beispiel: Zuerst ein Wutdenkmal, ein Zorndenkmal... danach ein Versöhnungsdenkmal. Oder ein Freundschaftsdenkmal.

Natürlich können noch ganz andere Gefühlsdenkmäler gebaut werden: Angst, Hoffnung, Freude, Glück, Trauer, Liebe und Zärtlichkeit...

Aber nicht bei den negativen Denkmälern stehen bleiben, sondern Veränderungsdenkmäler bauen. So kann aus einem Wutdenkmal ein Freudedenkmal werden. Das ist nicht ganz einfach, denn man muß auf alles achten: Auf Gesichtszüge, Augen, Augenfalten, Mund, Kinn, Haltung, Arme, Stellung der Beine. Der ganze Körper muß von der negativen Spannung zur positiven Entspannung umschalten. Das kann ganz langsam geschehen, und man sollte sich gegenseitig beobachten. Wenn man meint und das Gefühl hat, daß das Denkmal fertig ist, nickt man sich gegenseitig zu.

Friedenskanon

Text: Rolf Krenzer, Melodie: Ludger Edelkötter, aus MC / Buch „Kinderlieder-Krippenspiele", Impulse-Musikverlag, 4406 Drensteinfurt

Wir stehen in drei Reihen hintereinander im Halbkreis oder im Kreis.

Zur ersten Zeile halten wir die Hände mit dem Handteller nach oben (offene Gebetshaltung). Zur zweiten Zeile heben wir die Hände in der gleichen Haltung hoch. Dann breiten wir die Hände weit aus, daß wir die Hände unserer Nachbarn rechts und links berühren. Wir halten uns an den Händen fest.

Unsere Hände

Wir probieren aus, was wir mit unseren Händen alles tun können. Hände können krabbeln, streicheln, kitzeln, zart sein, rauh sein, weh tun, kneifen, boxen, schlagen.
Es ist wichtig, daß wir deutlich sagen, daß die negativen Dinge nur angedeutet werden, die lieben Dinge aber wirklich ausgeführt werden sollen.

— Wir malen die Innenseiten unserer Hände mit Fingerfarben bunt an und drucken damit auf eine große Tapetenrolle oder auf Stoff, z. B. auf ein altes Bettuch. Wir staunen über die vielen Hände, zeigen den anderen unsere eigenen und raten, wem die Hände alle gehören.
— Wir setzen uns zu zweit an einen Tisch. Die Hände legen wir auf ein großes Blatt Papier. Nun beginnt einer, mit einem Stift die Umrisse der Hände seines Partners auf das Papier zu bringen. Dann umgekehrt. Wir betrachten uns die Hände, sprechen darüber, was wir alles mit den Händen tun können. Wir können auch alle Hände ausschneiden und anschließend auf einem großen Blatt Papier an die Wand hängen.
— Wir führen uns mit den Händen. Zwei Spielpartner stellen sich voreinander und legen ihre Hände ganz leicht aneinander. Es brauchen sich nur die Fingerspitzen richtig zu berühren. Nun gehen wir durch den Raum und führen uns gegenseitig. Dabei brauchen wir gar nicht zu sprechen. Wir dirigieren uns allein mit unseren Händen.
Wenn wir die Hände mit den Innenseiten fest aneinanderlegen, kann einer die Augen schließen und sich von dem anderen „blind“ führen lassen.
— Neben dem Mund gebrauchen wir am meisten unsere Hände, wenn wir mit anderen Kontakt aufnehmen. Wir sprechen „mit den Händen“.
Wir finden viele Beispiele, von denen manche selbst beobachtet und auch ausprobiert werden können:

> Ich bin nervös, aufgeregt:
> die Hände zittern, sind fahrig, die Finger klopfen ungeduldig auf den Tisch, die Hände streichen am Körper unruhig entlang...
> Ich bin schüchtern, unsicher:
> Hände hinter dem Rücken, in den Hosentaschen usw.
> Ich bin aufgeregt:
> meine Hände schwitzen oder sind kalt wie Eis, klamm.
> Wir begrüßen uns mit den Händen, verabschieden uns, beglückwünschen, drücken Beileid aus. Wenn ich einen mir noch fremden Menschen begrüßen will, gebe ich ihm zuerst die Hand.

Gott hat uns unsere Hände gegeben, damit sie Gutes tun. Den anderen führen, streicheln, grüßen, trösten. Unsere Hände sind wirklich gute Hände, wenn sie nicht geschlossen zu einer Faust, sondern offen und dem anderen hingestreckt sind.

Jedem gibst Du deine Hände

Text: Rolf Krenzer, Melodie: Ludger Edelkötter, aus Bibl. Spiellieder zum Misereor-Hungerbuch aus Haiti, Impulse-Musikverlag, 4406 Drensteinfurt

Religiöse Erziehung in der Familie

Detlev Block
Gut, daß du da bist
Gebete für Kinder mit Bildern von Hilde Heyduck-Huth. 80 Seiten, geb
Kaufmann

Projektgruppe Glaubensinformation in Zusammenarbeit mit Prof. Helmut Thielicke
Wer glaubt, lernt leben
Briefe an junge Eltern.
194 Seiten, kart
Kaufmann

Kommt und schaut die Taten Gottes
Die Bibel in Auswahl, nacherzählt von Dietrich Steinwede, mit Bildern aus dem ersten Jahrtausend christlicher Kunst. 208 Seiten, geb
Kaufmann/Christophorus/V & R

Friedrich Hoffmann
Bilderbibel
Mit 39 zweifarbigen und 52 vierfarbigen Bildern von Frère Eric de Saussure von der Communauté de Taizé.
280 Seiten, geb

Steig ein fahr mit
Ein Lese-, Spiel- und Bastelbuch zur religiösen Erziehung.
Hrsg. von Renate Schupp
112 Seiten und 12 Bastelbogen, geb

Alfred und Regine Schindler
Unser Kind ist getauft – Ein Weg beginnt
56 Seiten mit 11 Fotos, kart

Regine Schindler
Erziehen zur Hoffnung
Ein Elternbuch zur religiösen Erziehung.
176 Seiten, kart
Kaufmann/TVZ

RELIGION FÜR KLEINE LEUTE
Eine Bilderbuchreihe von Regine Schindler, die vier- bis achtjährige Kinder zu einer ersten Begegnung mit dem christlichen Glauben führt.
Je 28 - 32 Seiten, geb

Florian in der Kirche
Fotos von Hartmut Schmidt.

Benjamin sucht den lieben Gott
Mit Bildern von Ursula Verburg.

Das verlorene Schaf
Mit Bildern von Hilde Heyduck-Huth.

Steffis Bruder wird getauft
Fotos von Hartmut Schmidt.

Pele und das neue Leben
Mit Bildern von Hilde Heyduck-Huth.

Helen lernt leben
Mit Bildern von Colette Camil.

Deine Schöpfung – meine Welt
Mit Bildern von Hilde Heyduck-Huth.

Martinus teilt den Mantel
Mit Bildern von Hilde Heyduck-Huth.

. . . und Sara lacht
Mit Bildern von Eleonore Schmid.

Christophorus
Mit Bildern von Eleonore Schmid.

Die Sterndeuter kommen
Mit Bildern von Hilde Heyduck-Huth.

Jesus teilt das Brot
Mit Bildern von Eleonore Schmid.

VERLAG ERNST KAUFMANN